池田 誠
IKEDA Makoto

文芸社

本書は著者の経験を元に書いております。登場人物につきましては、一部仮名にさせていただきました。

目次

ディズニーランド役員と研修生
東京ディズニーランドの建設はここから始まった！

第一章　ディズニーランド研修編

成田からロサンゼルスへ

　１９８０年1月21日、高橋政知社長（当時）をはじめ、会社関係者、研修生の各家族に見送られ、上澤昇取締役（当時）以下６名がディズニーランド研修予定者１５０名の先陣を切って、夢と希望を胸に夜の成田空港を後に一路ロサンゼルスに向かって飛び立ちました。

　時代の違いはあれ、６３０年（舒明天皇2年）、中国の先進的な技術や政治制度や文化ならびに仏教の経典等の収集で唐に派遣された使節団のような心境でした。

　我々６名は現代の遣唐使なのです。ディズニーランドの良いところを全て持ち帰って、立派な東京ディズニーランドを浦安に造るのだと心に誓いました。

　機内食を済ますと、興奮も収まり、緊張感も薄らいできたので、ここに至るまでの思いに駆せました。

森谷司郎監督作品、『漂流』の主役、北大路欣也が着る衣装を汚していたところへ、東宝映像美術の坂井靖史常務が顔を出しました。

「池田！　ディズニーランドへ行くか」

「ディズニーランドに行くかと言われても、年が明けたら石垣島でロケですよ」

「遊びに行くのではないよ！　浦安にディズニーランドを造るので、衣装担当者の研修を受けに行くんだ」

「ウソでしょう！　そんな話を聞いたことがありません」

「行く決心がついたら……明日、新宿の三井住友ビルでディズニーがプレゼンテーションを催すので聞いてこい！」

「…………」

「出席者の登録をしておくから」

と、なかば強制的に言われたのです。

人の運命とは不思議なものです。「行くか」「行きます」の二つ言葉で人生が百八十度変わるのです。

１９７９年12月、東宝系の子会社京都衣装(株)からオリエンタルランド(株)へ出向することになりました。

女性社員に案内されて部屋に入ると、１５６の机が雑然と並べられていて、６名ばかりの社員が机に向かって作業をしていました。

上司に紹介されることもなく、部屋の片隅に机が2、３置ける空間の場所で、「ここに池田さんの机がはいります、机は明日搬入する予定です」と説明してくれました。

人事部から渡された社章の裏に、Ｎｏ．71の数字が刻印されているので、私は71番目の社員のようです。部屋の机の数を見るとそんなに社員がいるとは思えませんが、役員は別の部屋かな……とさして気にはなりませんでした。

高橋社長も、オリエンタルランド(株)に入社した時は、部屋はなく京成電鉄本社の株式課の隣に机が三つ置いてあるだけで、60歳を超した総務部長という肩書きのおじいさんと、高校をでたての若い女の子の３人だけだったとのことです。

ウォルト・ディズニーも、最初は車庫でアニメの作業を始めたと、本で読んだことがあります。衣裳担当者はいないので、衣裳に関する案件がくると、企画部の小川淑久がその都度行っていたようです。

私が東京ディズニーランドプロジェクトの衣裳担当として入社したので、正式に彼と2

人で衣裳関連の作業をすることになりました。最初は2人でも、仕事に対してやる気と信念があれば必ず成功すると……未来に思いを馳せました。

1979年10月30日、オリエンタルランドと米国ディズニーは基本契約に調印しました。ディズニー側との作業はなかなか進みません。一方スポンサー誘致活動は精力的に行われていました。

高橋会長は東京ディズニーランドプロジェクトの建設を推進するため、電通PR局長だった、長谷川芳郎氏と横山朝衛氏を招聘しました。

長谷川常務がアメリカでディズニー側と打ち合わせをして帰って来ました。そして全社員を集めてディズニー側との結果報告を発表しました。

東京ディズニーランドのプロジェクトは、ディズニー側とオリエンタルランドのパールハーバーだと力強く宣言したのが印象に残っています。ディズニー側と戦争する、私はその言葉の意味が理解できませんでした。

長谷川常務から電話ですぐ部屋に来るように言われて行くと、

「今、江戸相談役から、衣裳担当者を紹介したいとの申し入れがあった」

「…………」

「池田君は、どうか？」

と単刀直入に聞かれました。私は考える間もなく、

「必要ありません！　衣裳担当者として私がいます」

長谷川常務は私の目の前で電話機を取り、

「先ほどの件ですが、すでに東宝から担当者が来ているので、申し訳ありませんが、ご紹介をしていただく必要はございません」

とキッパリ断ってくれました。

依頼主は東京の大手衣装製作会社の社長で、江戸相談役とは同じゴルフクラブの会員です、プレー仲間という親しい間柄です。

電話の向こうの江戸相談役も快く了解したようでした。

私はこの時、長谷川常務は並み外れた凄い人だなと感じました。

仮にも、江戸相談役の申し入れです。普通の企業人なら〝検討して後ほどご返事させていただきます〟とか、何だかんだと理由を付けて、その場をつくろうのがおちです。もしくは何も考えないで〝分かりましたお願いいたします〟。忙しいトップ同士の話し合いは「YES」か「NO」です。検討して後ほどはない話です。次から、次からへと問題解決の話が待っているわけです。トップ企業に身を置いて長い間決済業務を続けている人はさすが

に違うな、と感動しました。

私はディズニーランドへ研修に行くより先に、すでにディズニー側と仕事をしていました。

東京ディズニーランドがオープンすると、キャラクターが必要です。そのキャラクターの発注書がディズニー側から届いたのです。キャラクター製作は長い時間がかかるので、早く発注を希望する趣旨のことが記されていました。


アメリカに出発する3日前、丸の内M物産ビルの最上階で、帝国ホテルのシェフを呼んで新人で一兵卒の私のために繊維総括部長の肝いりで盛大な送別会を催してくれました。日本経済界のトップ企業、M物産の重役にこのように歓迎されることは、私にとって身に余る光栄でした。業界の社長でもなかなか面会できない重役の面々と顔を突き合わせ、手を取り合って話ができるのは夢のようでした。

東京ディズニーランドのプロジェクトが期待され注目されていることがヒシヒシと分かりました。全世界を股に掛け活躍している重役の貴重な話は、大いに参考になりました。なかでも、衣料品の輸入担当重役の話で、今まで外国の衣料品を日本人向けに改良して輸入した商品は悉く失敗したが、外国で売られている商品をそのまま持って来た物は成功したと話してくれました。

ディズニーランドを浦安に持って来るのなら、カリフォルニアのディズニーランドをそっくりそのまま持って来ると成功するでしょう、と力強く教えてくれました。

考えてみると、ディズニーランドとの契約では、ディズニーランドで使用されている状態のまま、輸入、もしくは製作することとあります。勝手にデザイン、色、布地等は変更できないのです。

空港駐車場での口頭辞令

ロサンゼルスの空港を出ると、燦々と輝くカリフォルニアの太陽が我々一行を迎えてくれました。空港の駐車場にはディズニーランドの迎えの車が1台止まっていました。長谷川芳郎常務が颯爽と新車のキャデラックを飛ばして現れました。勢い余って、止まっていたディズニーランドの車に危うく衝突しそうになりました。奥山さんが素早く身をかわして難をのがれました。ひとつ間違えば大きな事故になるところでした。

長谷川常務が、口頭で研修生に辞令を出しました。

「奥山康夫　運営、トゥモローランド、ファンタジーランド。松木茂　人事部。田上靖史　アドベンチャーランド。大和真　ユニバーシティ。池田誠　ワードローブ」

幹部候補生として採用された後発の研修生3名は渡見哲がファイナンス。夏川安孝がマーケティング。坂本信也がメインゲート、ワールドバザールエリアと発表されました。

炎天下で会社辞令を頂くのはサラリーマン生活で初めてです。随分変わった会社です。研修生の選考はディズニー側も出席して、面接の上、英語に堪能な人を主に選んだようでした。

研修生は帰国後予定されている担当部門のマネージメント責任者として、必要な研修を受けそれぞれの業務の中枢に就く役割を担っていました。

私の研修目的はオペレーション、エンターテイメント、ＡＡＦ、等のコスチューム製作、管理、運営を完全に修得し帰国後それらの業務を開業に向けて確実に遂行することでした。ディズニーランドの迎えの車と長谷川常務の車に6名が分散して乗り、アメリカで9カ月間生活するペンション、カーサーマドリードに向かいました。長谷川常務の運転する車で、私が研修を受ける時点で一番気になっていることを聞きました。

「常務、コスチュームはアメリカで作るのですか、日本で作るのですか？」

「池田君はどちらが良いと思う……」

「オープン後のことを考えると、日本で作った方が良いと思います」

「じゃあ、日本で作ろう！」

「分かりました。その方向で研修を致します」

オリエンタルランドに出向して来て２カ月になりますが、まだ上司から直接、仕事の指示を受けたことはありませんでした。長谷川常務の指示が初めてでした。

この指示でディズニーランドの研修もさることながら、私の場合はディズニー側との協議が優先しました。まず、コスチュームの製作は東京ですることをディズニー側に理解させることです。

ディズニーがカーサーマドリードに５室、我々研修生のために部屋を取ってくれていました。

部室割りは上澤取締役、奥山・松木組、田上・大和組、渡見・夏川組、坂本・池田組です。部室はキッチンとリビングルーム。両サイドに鍵付きのベッドルームとバスルーム、トイレがついています。最低限のプライバシーは守れます。映画レッド・サンの撮影でスペインに行った時、１カ月ばかり生活したペンションの間取りと同じなので驚きました。

オーナーはスペイン人か……。

クラブ33でウェルカムパーティー

研修生6名は会社から提供された、新車シボレーでディズニーランドに行きました。私が車のトランクルームを開けて荷物を入れようとすると、締め忘れたのかそれとも残ったのか、ナットが2個転がっていました。

新車シボレーのトランクの中に謎のナット2個……非常に違和感がありました……新車を納車する時は車体検査を行うのが普通です。その時余分のナットがあれば取り除きます。アメリカの自動車企業ではこんな簡単な作業ができないのか、やらないのか、アメリカ社会の一端を見る思いでした。

私はこのことは誰にも話さないで、2個のナットをポケットに入れ、大和さんの運転で、10分くらい掛かる、東京ディズニーランドセンターに向かいました。

東京ディズニーランドセンターは、生前ウォルト・ディズニーも使用した由緒ある部室です。前は壮大なアメリカ河、後ろはジャングルクルーズのアトラクションがあり、一日中鳥の囀る声が引っ切りなしに聞こえ、時折ライオンの吼える声が聞こえる、別世界の環境です。センター長はジム・コーラで、実質東京ディズニーランドプロジェクトのトップです。ロン・ポーグが助手を務めます。この２人の部室がここにあります。

１月28日、クラブ33で我々６名の研修生のため、ディズニーランド側、会社役員をはじめ、ディレクター、マネージャー総勢35名で盛大なカクテルパーティーを開催してくれました。ディズニーがこのプロジェクトに懸ける意気込みを強烈に感じました。

上澤取締役をはじめ研修生５名が一人ひとり紹介されました。

ディズニーランドはディック・ヌーニス社長、ロン・ドミンゲス副社長、ジム・コーラ東京プロジェクトセンター長、他各ディレクターの紹介がありました。私が研修を受けるワードローブのディレクター、ボブ・フェルプスもこの時初めて紹介されました。全員の顔と名前は到底覚えられません。どうせ研修の時に分かるだろうと真剣に聞いてはいません。

カクテルパーティーにはお酒が出ます。ディズニーランドは、酒は飲めないし、販売もしていないと聞いていましたが、クラブ33は例外です。こんなところがアメリカらしいと感じました。子供の握り拳ほどの大きなイチゴ、大根を輪切りしたかと思うようなロブスター。日本と比較すると全て大きなものばかりです。

大きいといえば、アメリカでは体格の良い女性を多く見掛けました。その女性がいとも

ディズニーランド　第一期研修生

簡単に25トントラックを自由自在に乗り回していました。

日本でも職場で男女の差別なく働けるよう、機会均等の法律が施行されましたが、機会均等とは正にこのアメリカの現状ではないでしょうか。まだまだ、日本での実現は難しいのではないかと切に感じました。私の偏見でしょうか……？

クラブ33の会場は薄暗く落ち着いた雰囲気をかもしだしていました。

通訳にお願いしてまでも話す議題も見つからないし、研修をまだ受けていないので、質問する案件もありません。間が持てないので、ひたすら大きなロブスターを口一杯に頬ばって食べていると、ディック・ヌーニスが来て、私を肩越しに抱えるように話し掛けてきました。ディックは学生時代アメリカンフットボールの選手で全国大会にも出場したほどです。体格も良く、プロゴルファーのジャック・ニコラス似の人物です。この大男に突然襲われたら逃げられないだろうな……私も柔道の心得はあるが役に立たないだろう……と不謹慎なことを考えていました。

「ＭＩＫＥ（マイク）、ディズニーランドで大切なのは〝コスチューム〟とランドスケープの仕事だよ」と教えてくれました。ディズニーランドへ研修に来て初めて教わったのが、ディック・ヌーニスのこの言葉でした。

ディックに初めて「ＭＩＫＥ」と呼ばれて、ディズニーランドでは私は「マイク」なのだと認識するありさまでした。まだ、研修モードに入っていない状況でした。

ディズニーランドではお互い親しみ易くニックネーム（愛称）で呼び合っていました。我々研修生も上澤取締役が（ＮＯＢ）、奥山（ＯＫＵ）、松木（ＳＨＩＧ）、田上（ＹＡＳＵ）、大和（ＭＡＣ）、渡見（ＴＥＤ）、夏川（ＮＡＴＥ）、坂本（ＮＯＢ）とユニバーシティに登録されていました。


「ＭＩＫＥ！　ＭＩＫＥ！」

「池田さん、マイク！　マイク！　と呼ばれていますよ！」

通訳のミキさんに言われて、後ろを振り返って見ると、メキシコ系と思われる、20歳前後の人懐っこい顔の一人のキャストが立っていました。ミキさんの話によると、〝ＭＩＫＥ〟はどうして〝チョンマゲ〟を付けていないのかということでした。日本映画の時代劇を観て、日本人は皆〝丁髷〟を付けているものだと思い込んでいたのでしょう。

最も文明文化が進んでいるアメリカで、このような若者がいるのかと驚きました。

２００年前の日本は時代劇映画で観るように、丁髷を結って生活をしていましたが、現在は誰も髷を結っている人はいません。貴方と同じ頭です。アメリカの人たちと同じです。

私の説明で理解できたかどうか分かりませんが、丁寧に頭を下げ、私に握手を求めて去って行きました。


ディズニー側は我々研修生にいろいろな配慮をしてくれました。

研修を受ける前にアメリカで快適な生活をするにはどうしたらよいか……。

日本人の能登路雅子武蔵大学助教授をディズニーランドに呼んで、「アメリカの生活の適応」と題してオリエンテーションを受けました。

研修生の自己紹介から始まり、能登路教授から〝日本人の外国生活経験〟〝適応の諸類型〟〝不適応現象〟等の事例を基に懇切丁寧に教わりました。コーヒーブレイクを入れて基礎英会話等、講話が全て日本語だったので、よく理解でき安心して話を聞くことができました。アメリカで今後生活していく上で、大変参考になりました。


東京ディズニーランド第一期研修生に「アメリカ生活の適応」のオリエンテーションをしたことを縁に、能登路教授はウォルト・ディズニーの研究に力を注ぎ、「ディズニーランドの聖地」を出版しました。ボブ・トマス「ウォルト・ディズニー」の訳書、「ディズニーの帝国、テーマパークの文化戦略」等の出版をし、現在東京大学客員教授として講演会を精力的に行っています。今なお年に2、３回はウォルト・ディズニーの研究でディズニーランドに出掛けるという、正にウォルト・ディズニーのファンです。

37年ぶりに東中野の料理屋でディズニーランドファン４名と会食する機会を得、その時「東京ディズニーランド奮闘記」の本を出版しようと考えていると申し上げると、その時は私も協力させていただくと気さくに仰《おっしゃ》ってくれました。

ワードローブオフィス

１９８０年１月31日。

今回、初めて私が専門研修を受ける、ワードローブのオフィスに行きました。

ボブ・フェルプスが、私に、今までどんな仕事をしていたのか聞いてきました。私は20年間映画の衣装担当として約60作品に参加したこと、『レッド・サン』の撮影でスペインに渡り、三船敏郎、チャールズ・ブロンソン、アラン・ドロンと一緒に仕事をしたこと、日本映画の衣装の役割等を掻い摘んで説明しました。

ボブもディズニーランドに来る前は、映画界で私と同じような仕事をしていたとのこと。お互い国は違っても同じような仕事をしていたことが分かり、すぐ互いに理解し合うことができました。ボブとは今後、うまくやっていけそうな気がしました。彼はゴルフが好き

ボブ・フェルプスと著者

なようで、話の途中によくゴルフの話をしました。特にプロゴルファーのジャック・ニクラスのファンで、２人でプレーをした時、ジャックの目の前でバーディを取ったのを自慢げに話しました。一緒に撮った写真を額に入れて棚に飾っていました。

アナハイム近郊にある、コスチュームセンターにボブと一緒に行きました。オペレーションコスチュームのデザイナーのトム・ピアースとマネージャーのパーム・ハーニイが待っていて、ボブから紹介されました。

トム・ピアースは18年間にわたり、映画、テレビ番組のコスチュームのデザインを担当し、ディズニーランド（カリフォルニア）、ウォルト・ディズニーワールド（フロリダ）のコスチュームのデザインをしました。１９７９年から東京ディズニーランドのデザインに着手しています。基本的にはアメリカの両パークのデザインと同じです。

パームがコスチュームを製作した時の経験や苦労話を聞かせてくれるのですが、話の途中、途中でこんなことは日本ではできないでしょう、とか、これは日本では無理でしょうとか、日本の繊維産業を見くびって、恰《あた》かも日本では何もできないと決めつけて話すので、私は全て反論しました。できる、できるの一点張りでした。

オペレーションコスチュームデザイナー　トム・ピアース

マネジャー　パーム・ハーニイと著者

トムは私たち2人の激論を交す姿をどのように感じているのか分かりませんが、笑顔で黙って聞いていました。

お互い確証のないまま激論を交わしたが、初めは日本でコスチュームの製作ができる方向に進めばこれで良いと自分勝手に納得していました。後日、通訳のミキさんが、「マイクが大風呂敷を広げて話すので困った」とパームが呟いていたと教えてくれました。アメリカでも「大風呂敷を広げる」という表現があるのかと驚きました。

私の大風呂敷が功を奏して、マイクが日本でコスチュームの製作ができると言うのなら、日本の繊維産業を一度視察してみる、ということになり、2月23日から約10日間のスケジュールでボブとトムが東京へ出張することになりました。長谷川専務と約束した「日本でコスチュームを製作する」方向の第一歩でした。

ワードローブの施設見学の時、一番気になっていたストックルームの研修を、元空軍パイロットのジョン・フェルスから受けました。彼の印象は真面目そうで理屈っぽい感じで、スマイルはありませんでした。

午後からワードローブの施設を見て回りました。コスチュームのストックルームをはじめ、ダンサーのフィッテングルーム、コスチュームデザインルーム、コスチュームのオタレーションルーム、キャラクターストックルーム、バーバーショップ、クリーニングルーム、メーキャップルーム、ダンサーのフィッテングルーム、そして最後にコスチュームをキャストに貸し出す、イシューカウンター。コスチュームの貸し出し窓口はエリア別にあって、メインストリート、アドベンチャーランド、ウエスタンランド、ファンタジーランド、トゥモローランド、セキュリティ、カストディアルと六つの窓口から貸し出されていました。他にメンテナンスはメンテナンス口の内に個別のロッカーがあるといいます。

不思議に感じたのは、各コスチュームのハンガーラインは建物の中に建設されますが、キャストがコスチュームを受け取る所は建物の外です。雨が降るとキャストも借りたコスチュームも濡れるのではと質問すると、カリフォルニアは雨が少なく、降っても1年間に10日間程度で問題ないということでした。

映画の撮影所がカリフォルニアに集中して建設されたのは、当時のフィルムは感度が悪く、強い光でないと美しい映像が撮れないので、たくさん光源を必要とするセット撮影は敬遠され、野外の太陽光線が好まれて野外撮影が主だったからです。雨の降らない砂漠地帯のカリフォルニアが撮影には最適な土地だったのです。

ウォルト・ディズニーがカリフォルニアの地にテーマパークの建設を決めたのは、映画界で得た知識を取り入れたのではないでしょうか……。

ボブ・フェルプスの自宅に招待される

ワードローブミーティング

ディズニーランドが青空を背景にした巨大なステージ（舞台）で演じるテーマショーのために、ニューヨークやサンフランシスコに比べると広大な地価は数段安価だったでしょう。

ディズニースタジオ見学

1980年2月1日。

久しぶりの快晴です。空はブルーに澄みわたり、風はなく、山の頂には白雪が残り、街の家の壁は白く光り、木々は若緑に膨らんでいます。カリフォルニアの冬の原風景です。

今日の研修はディズニーの撮影所見学です。8時にディズニーランドセンターをバスで出発して、1時間ばかり走ったところで、美しいディズニーのスタジオが見えてきました。緑の木々に覆われ、木には彩色ゆたかな花が咲き、小鳥が囀り、建物は美しく輝きを放っています。

ボロ自動車が主人公の映画「クレイジー」の撮影がクランクアップして、撮影所の至る所に11台の汚れたワーゲンが停まっています。この風景だけが、映画撮影所の雰囲気をかもしだしていました。

スタジオに入り、今製作中の『きつねと猟犬』のアニメーションの製作を見学しました。完成までにあと1カ年はかかると説明を受けました。映画製作と違って大変な仕事だと感心しました。

日本映画の製作で一番撮影日数がかかったと言われた黒澤明監督の『隠し砦の三悪人』ですら、1年はかかりませんでした。それに比べると気が遠くなる製作日数です。

ウォルト・ディズニーはその莫大な製作日数のかかるアニメ映画を、生涯、作品製作しています。また、オスカー賞に輝いた作品が数多くあります。アニメ界・映画界に偉大な功績を残しています。

日本人のアニメーターが2名働いていました。日本人は手先が器用で仕事が丁寧なうえ勤勉な性格な人が多く、アニメーターには最適です。ディズニーのアニメスタジオで技術を修得し、やがては日本アニメ界の先駆者になるだろうと感じました。

我々研修生もディズニーランドをよく学び、日本のテーマパークの先駆者になるのだと、再認識したディズニースタジオ見学でした。

スタジオの地下にあるディズニーコレクションルームには、今までディズニーアニメーション映画で受賞した金色に輝くオスカー像が幾つも並んで飾られていて、壮観でした。

これらのコレクションはウォルト・ディズニーを愛し、懐かしみ、尊敬し、惜しむ人々の魂が入っているように思えました。

文化とはその時代の人々が生み、受け継ぎ、育て、後人に残していくものです。アメリカの建国の歴史は浅いので、ディズニーコレクションルームは、ディズニー社はもとより、アメリカ社会に取っても、価値の高い貴重なコレクションです。これからも、後世の人々に永く大切に引き継がれていくでしょう。

日本の現状を見ると、日本という国は歴史に恵まれ、文化に恵まれ過ぎて、各々のコレクションの価値観が分からなくなっている感じがします。

時代、時代のコレクションはその国の文化の申し子だと私は思います。

日本繊維産業の視察

ボブ・フェルプス、トム・ピアースの日本繊維産業の視察は、M物産、縫製業者のH社それぞれの担当者と私の3名で行いました。両氏に余分な神経を使わせることなく、視察に集中できる環境を作りました。

視察初日は新潟にある、H社専属の縫製工場から始めました。お互いの紹介、挨拶はそこそこにして、今回の視察目的を話しました。

私が浦安に東京ディズニーランドを設立するため、アメリカでディズニーランドの研修を受けていることを説明し、東京ディズニーランドで着用するキャストのコスチュームは東京で製作したいと申し入れ、それなら、日本繊維産業を視察したあと結果良否を判断する、そのために、ディズニーランドのワードローブ・ディレクター、ボブ・フェルプス氏とオペレーションコスチュームデザイナー、トム・ピアース氏と共に一旦帰国したと説明しました。

縫製工場の関係者は、ディズニーランド2名の視察より、浦安に東京ディズニーランドが設立する情報に大変興味を示しました。今までは断片的に入って来る情報ばかりで、信用していなかったようです。現実にディズニーランドのコスチューム製作責任者から目の前で具体的な説明を聞いて、本当に浦安に東京ディズニーランドができるのだと感動していました。

縫製作業所は、数十台のミシンが縦4列に並び、ドドドと軽やかなミシンの音と共に全て流れ作業で進んでいました。袖を縫製する人は袖だけ、胴体を縫製する人は胴体だけと分業です。作業の流れの終着は完成された上衣の仕上がりです。ボブもトムも作業の流れを熱心に見ていましたが、驚いた様子はありませんでした。私の方が初めて見る縫製システムの素晴らしさに感心していました。ボブが製品の検査所で出来上がった上衣を手に取り、難しい顔でチェックをしていましたが、みんなの方を向いて、親指を前に突き出して、

「ベリーグッド！」

周りから自然に拍手が起きました。初日としてはなかなか良い雰囲気の視察でした。

福島の縫製工場を視察した時、郷土料理の店で食事をしました。

トムがテーブルに並べられた料理の一品を指差して、「これ、何？」と聞きました。M物産の担当者が蝗《いなご》を煮て作った料理だと言いました。昔、日本の侍が、タンパク質を取るためよく食べたと説明しました。トムは侍と聞いて興味が湧いたのか、自分も食べると言い出しました。

新潟の縫製工場で弁当を出してくれた時、甘露煮の小魚（鮒）を見て、「魚が俺を睨んでいる。怖い！　怖い！」と言って、目を手で覆って真面《まとも》に魚を見られなかったのに……。アメリカのマーケットに魚を買いに行った時、魚は全て切り身でした。思えば頭の付いた魚を見たことがありません。アメリカの食文化では、幼児の時から、頭が付いた魚を見る機会がなく、目が付いた魚を見て睨まれているように感じ、怖かったのでしょう。

トムは皆が見ている前で、竹の割り箸を器用に使い、蝗を1匹摘んで躊躇なく口に入れ

ました。おいしいとも、まずいとも言いません……。一呼吸おいてトムが、「侍になった気分だ！」と胸を張りました。

この日訪れたポリエステル工場視察は圧巻でした。近代的な広い工場内は明るく、大きなメタリック調の機械が整然と並び静かに動いていました。人の姿は機械と機械の間から見える程度でした。その人影は職人風でなく、技術者でした。繊維工場の風采は、私の頭には映画『野麦峠』で観たイメージしかなかったので、驚きを通り越して強力なショックを受けました。

工場見学には外国人もよく来るのでしょう。ボブとトムには英語の案内人が付いてくれました。ボブもトムも私と同様、驚きのあまり、質問はなく、ただ、目を丸くして説明に聞き入っているようでした。

繊維はノズル管から勢いよく、蜘蛛の糸のようにピカピカと銀色に輝いて飛び出して行きます。そして、円錐形に巻かれた銀の糸が、次から次へ、順序よく並んで出てきます。この光景は素晴らしいと言うほか言葉が見つかりません。日本の繊維産業の近代化を目の当たりに見て、世界一だとつくづく感じました。

予定された一日の視察を終えて、ボブとトムを帝国ホテルまで送って行きました。ボブが何を思ったのか、急に私と少し話し合いたいと言い、半ば強引にホテルの一室に導きました。

通訳を挟んで延々4時間。従業員1人当たりの衣装の数について、2人で激論を戦わせました。2人の意見はどうしても噛み合いません。

通訳を介して何時間、堂々巡《どうどうめぐ》りの議論を戦わしたことか……。終《しま》いにボブがしびれを切らして、

「私の言うことが理解できないのなら、池田さんをこの研修から外す」

と言い出しました。さすがに、私も驚きましたが、ディズニー側との約束で、ディズニーランドに関わる全ての企画、デザイン、製作物はディズニー側の承認が必要不可欠で、研修生の人事権はオリエンタルランド側にあると聞いていたので、まず、研修を中止することはないと思っていました。延々、4時間に及んだ2人の激論は、ボブの「我々はディズニーランドの経験者である」ということで屈服せざるを得ませんでした。

観光旅行で日本に来た外国人に日本の印象を聞くと、〝フジヤマ〟〝ゲイシャガール〟と異口同音に答えます。なんと、真の日本の良さを知らない外国人の多いことかと、聞いていて情けない限りでした。この現状は外国人だけが間違っているのではなく、日本の観光案内人の責任もあります。〝富士山〟は良くても、〝芸者〟は余りに見世物的で歓楽的に感じます。置き屋の風習も立派な日本文化の一つですが、日本には外国人が喜ぶ素晴らしい

文化が各地にあります。

ボブとトムにはそんな外国人になってほしくないので、日本に滞在中、できるだけ多く日本の伝統文化に触れる機会を作りました。

浅草の浅草寺《せんそう》に参拝した時は、参拝人の多さに驚いていました。仲見世通りでは、参道の両側に並ぶ、おみやげ店を1軒1軒童心に返り、珍しそうに見ていました。

浅草寺の境内では参拝者が線香の煙を両手で呼び込んでいる光景を見て、不思議に思い「皆何をしているの」と聞かれました。

「参拝者は線香の煙で身を清めます。それに煙を浴びれば1年中無病息災で暮らせると信じています」

この説明で分かったのか、2人は頷いていました。

鎌倉に観光で行った際には、巨大な大仏様に驚いていました。二百余年のアメリカ文化のなかで、巨大な銅像はニューヨークのリバティ島に建立している〝自由の女神〟くらいです。

巨象は往々にして、宗教の世界で多く見られます。信仰する像は巨大な方が御利益を受けられると感じるのでしょう。

遠足で来ていた小学生のグループに囲まれて、ノートにサインをせがまれていた2人の

我が家でティーセレモニー

鎌倉大仏の前

邪魔にならないように、少し距離をおきました。ボブもトムも小学生たちの要求に満更でもない様子でした。２人はディズニーランドで働く前はハリウッドで映画の仕事をしていたので、映画スターがたくさんのファンに囲まれてサインをする姿をよく見ていました。子供たちのサイン攻めにあいスター気分だったのでしょう。子供たちが去った後も、ニコニコ顔で上機嫌でした。

純粋な気持ちで国際親善に協力してくれた小学生に感謝します。ありがとう。

ボブとトムの日本繊維産業の視察が計画通り無事終了しました。

１９８３年11月、アメリカのレーガン大統領が訪日した際、中曽根総理と一緒に会食をした麻布の焼き鳥屋を、M物産が予約をしてくれ、ボブとトムのお疲れ食事会を催してくれました。レーガン大統領の額入りサインや、中曽根首相のサインを観て、皆、少々興奮していました。席に座って今や遅しと店員が顔を出すのを待っていました。店員が注文を取りに来て、皆の席を見廻して、ボブが座っている席を指差して、その席にレーガン大統領がお座りになりましたと説明した。

突然ボブが飛び上がり、直立不動で最敬礼したので、皆驚きました。

どの国の国民も、その国の大統領や首相は尊敬し憧れるのだと感心しました。ボブの人

レーガン大統領が食事をした店

間性を垣間見ることができた一瞬でした。

2次会で、ボブとトムを連れて、こぢんまりしたクラブに入りました。ソファに座ると、若いきれいな女性がボブとトムの隣に座ってビールを注ぎます。2人共そわそわと落ち着きのない様子でした。

私がトイレに行って帰って来ると、2人の姿はありませんでした。皆に聞くと、ホテルに帰ったとのことでした。本当に純情な御人です。翌日、ボブが私の所に来て、昨夜の女性と何があったのかと聞くので、ビールを飲んで、歌って踊るだけだと話しました。ボブは納得のいかない顔でした。2人に関して、女性関係は安心できると感じました。

ボブが凄くて素晴らしいのは、私より2歩も3歩も前に進んでいたことです。というのは、帰国する2日前にアメリカのディズニーランドのオペレーションコスチュームが50点、送られて来たのでした。繊維産業の視察を全部終えるまでもなく、東京でディズニーランドのコスチュームを製作してみようと判断をして、サンプル用に取り寄せたのです。

社内の評判

第一期ディズニーランド研修生は、後発150名の研修生のために、アメリカの現状、ディズニーランド周辺の生活環境、研修で知り得た情報を知らせる任務があります。人事部の『ふぁみり誌』のインタビューの中で、私が今回一時帰国した目的、理由を問われなかったのは残念でした。人事部としては個人情報の把握も必要なのではないでしょうか。

一方、上澤取締役の間違った情報が社内に拡散されていたのには驚きました。「上澤取締役は遊んでばかりで、研修を受けていないのでは？」との噂で評判が悪かったのです。上澤取締役は8名の研修生をよく取り纏め、事あるごとにジム・コーラと研修の在り方、仕方を互いに検討し改良を行い、実のある研修を進めていました。団長としての任務を充分はたしています。

誰が、根も葉もないことを言いふらしたのか分かりませんが、情報は的確に掴み、事実を確認してから発信していただきたいです。

今回私が一時帰国したのは、ホームシックにかかりやむなく帰国したとの噂が広がるかもしれません……怖い怖い……。

ひとごとではありません。何ごとも充分に気を付けて行動しなければと考えさせられました。

上澤取締役は研修の合間に時間を見付けて、カリフォルニアの友達に車の運転を教わっていました。研修生の中で、自動車の免許証を持っていないのは、上澤取締役と私だけです。アメリカで生活する上で車の免許を持っていないと非常に不便です。上澤取締役が車の運転練習をしている姿を見た者には、さも遊んでいるように見えたのかもしれません。

私も運転免許を取るよう、勧められましたが、もし運転練習中に事故でも起こしたら大変なことになり、皆に迷惑を掛けると思い断念して、研修に打ち込むことにしました。

ロサンゼルスの一番長い日

渡米2回目ともなると、見送る人もなく静かな旅立ちでした。

機内に入ると、日本人客の多いのに驚きました。座席に着くと、右隣に昨年、永谷園のコマーシャルの撮影で一緒に仕事をした美術のスタッフがいました。ロサンゼルスにロケハンに行くのだと言います。左隣の客は本田技研の社員で、自動車の排気ガスの調査で同じくロサンゼルスへとのこと。

１９７１年、映画『レッド・サン』の撮影で、ロンドン経由でスペインへＪＡＬで行った時は、我々４名以外に日本人の姿は見ませんでした。機内は空いていて座席の肘掛けを倒して横に寝転がって行った記憶があります。

10年も経っていないのに、世界各国の交流が盛んになり、日本企業も遅れないよう、海外進出に力を入れ出したようです。企業戦士の活躍している姿を目の当たりに見て感動しました。考えてみると、私もその一人かもしれません。

飛行は順調で、ロサンゼルス空港に着くまで、一度も座席ベルトを着用することはありませんでした。空港内が混雑していたため、機内で30分ほど待たされました。

入国管理官にパスポートを提出し、私が拙い英語で、管理官と、二言、三言会話をしたのですが、管理官は書類に目を通し、私を見ると黙って手を横に振り、列から離れるよう指示しました。

入国客全員の手続きが終了したところで、管理官が再び私を呼びました。少し不安でしたが、入国管理窓口に行くと、ＪＡＬの社員も呼ばれて駆けて来ました。

管理官が矢継ぎ早に質問を投げ掛けてきました。

※お金は今、幾ら所持しているか？
※ビジネスか、観光か？
※何日間滞在するのか？
※渡米の目的は？
※仕事の内容は？
※今までどんな仕事をしていたのか？
※何年間働いているのか？
など、事細かく聞かれました。ＪＡＬの社員がいなかったら、危うく日本へ強制送還されるところでした。彼の話では、航空券を片道しか持っていなかったので、アメリカに働きに来たのではないかと疑わしいので、いろいろと質問されたと説明してくれました。

人事は何を考えているのだ。海外に社員が出張する時の手続きぐらい勉強をして、万全な資料を作ってほしいものだ！　自分の無知を棚に上げて……海外出張に航空券は往復が必要なのは常識です。恋の片道キップでは困るのだと、人事部の対応には不満で一杯です。

税関で通関の手続きをする時も、引っかかるのではないかと心配でしたが、思ったよりスムーズに通過することができました。もっとも、パンツにマリファナ等を忍ばせていることもないので……安心でした。

ロサンゼルス空港や入国手続きで時間を費やした時、アナハイムのカーサーマドリードへはバスで帰ろうか、タクシーで帰ろうか迷っているところへ、1台のイエローカーがスーッと寄って来ました。これは幸いと、タクシーで帰ることに決めました。といっても、アメリカでタクシーを利用するのは初めてです。片言の英語で、ディズニーランドまで、いくらで行くかタクシー料金の交渉をしました。結果、80＄で成立しました。私も立派なものだと、自分に感心しました。改めて運転手の顔を見ると、アメリカの映画スターのチャールズ・ブロンソン似の厳《いか》つい顔をしているので、少し不安になりましたが、今さらキャンセルもできないので、我慢して乗りました。これがまたひどく古い車で、窓が開かないのです。運転手が車から下りて来て、両手で力強く窓ガラスを下げてくれました。運転手の見た目も不安ですが、それよりこのボロ車の方がなお不安でした。

車は暫く走ったところで、裏街の路地に入り込んで行きました。人影のない路上で脅かされ、お金を取られるのではないかと怖かったのですが……。車はガソリンスタンドの前で止まりました。

大通りに出ると、カリフォルニアの熱風を受けながら、快適なドライブが続きました。

私はディズニーランドの研修が決まった時、一抹の不安を感じていました。アメリカでは三重苦の状態で生活することになるからです。今では三重苦という言語は死語になっていますが、「しゃべれない」「聞こえない」「動けない」ということです。アメリカ社会の中で「英語が話せない」「英語が聞き取れない」「車の運転ができない」ということです。ディズニーランドの研修には、通訳の人が一日中付いているので、言葉の不自由は感じません。

アメリカ研修のための第1条件「英語を話す能力のある人」の意味が、改めて分かったような気がしました。アメリカ社会で楽しく生活するには、英語が話せて、聞くことができ、常にコミュニケーションをとることが大切ですし、エンジョイすることができますと言う、エンジョイできるかどうか分かりませんが……時間の無駄は防げると思いました。

私が英語を話すことができたのなら、入国手続きのトラブルで1時間も待つことも無かったでしょうし、タクシーを利用するにも安心して乗ることができただろうと、思いをめぐらしていると……突然、車が止まりました。走った時間を考えると、目的地に着く頃です。

運転手が窓を開けて、通行人に何か話している様子です。ディズニーランドに行く道を尋ねているようです。暫く走ってまた車を止め、道を聞いていました。運転手はディズニーランドに行く道を間違い、迷ったようです。

陽のある間に目的地に着けば……と内心不安でしたが、私自身どうすることもできませ

紅花レストランとお店のマッチ

ん。運転手を信頼するより仕方ありません。日本なら車を止めて別な車に乗りかえることもできるのですが、それもできません。ここはじっと我慢して車に乗っているしか方法はありません。車の中が一番安全です。

街は段々と暮れて、ネオンが点《とも》り始めました。街路は暗く、車はヘッドライトを点して走ります。このまま分からない道を走り続けるのか、不安とイライラ感が増えます。それでも、車はディズニーランドの近くを走っているのだと自分に言い聞かせ、窓越しに街並みのネオンに目を凝らします。すると、見覚えのある「紅花」のネオンが目に映りました。地獄で仏とはこのようなことを言うのか、赤いネオンの「紅花」が明るく輝いて見えました。

運転手に「ストップ！　ストップ！」と慌てて声を掛けました。昼間だったら、見逃していた「紅花」のサインが、ネオンが点っていたので見付けることができました。

料金の精算をすると１２０＄だった。約束は80＄だったが、運転手も道に迷ったとはいえ、一生懸命努力してくれたので、気持ちよく払いました。彼は私の手を握り、「サンキュウー、サンキュー！」と何度も頭を下げました。ブロンソン似の厳つい顔が笑顔になっていました。

やっとの思いでカーサーマドリードペンションに辿り着きました。

ハードスケジュールの研修

１９８０年3月14日から、ファイナンス部を皮切りにマーチャンダイズ部、ワードローブ部、オペレーション部、フード部、人事部とたて続けに5日間の研修が行われました。研修生6名に対して各部のディレクター、マネージャーが入れ替わり立ち替わり担当の仕事内容の説明を行いました。

各部の研修後、毎回ウェルカムパーティーと称して郊外のレストランで食事会を開催してくれました。研修時には通訳が付きますが、食事会には通訳は付きません。

　このようなパーティーに早く慣れることが、能登路教授から教わった「アメリカ生活の適応」かと、頭で感じながら、胸の内で〝適応〟〝適応〟と唱えていました。相手は毎夜変わりますが、主は変わるわけにはいきません。昼間の研修の疲れもあって苦痛に感じる時間です。気を紛らわせるため、テーブルに並べられた豪華な料理に手を付けますが、味を全く感じません。ディズニーのディレクターやマネージャーたちはワインを飲みながら、楽しそうに語り合い食事をしています。が英語が話せないのでその輪に入ることもできません。

　食事会が早く終わることのみ心に祈っていました。この雰囲気から解放されてカーサーマドリードのペンションに帰り眠りたいと……。英会話のできる5名の研修生も思いは同じで、連日連夜続く食事会に閉口したようでした。ファイナンスの研修の時、ディズニーランド25周年記念サンプルチケットのデザインが美しかったので、1セット頂けないかと要望したところ、これはサンプルチケットなのでお譲りできないと体よく断られました。

　全ての研修が終わった時、ファイナンスの渡見研修生から、ファイナンスディレクターから頼まれたと言って、サンプルチケット1セットを渡されました。ディズニーの人たちは人の喜ばし方をよく心得ているなと感心しました。

ちなみに、渡見研修生もサンプルチケットを1セット頂いたと喜んでいました。

〝夢と魔法の王国〟の親善大使

ディズニーランド・アンバサダーとは

1965年「ディズニーランド」で初めてのアンバサダーが誕生しました。

当時のウォルト・ディズニーは毎日多忙をきわめていたため、彼にかわって公式行事に出席したり、講演で「ディズニーランド」を紹介したり、また「ディズニーランド」に訪れる、特別なゲストをご案内したりする役割を務める人が必要となりました。そこで彼は「ディズニーランド」のキャストの中から適格な人物を選び、その活動を委ねたのです。以来25年たった今でもアンバサダーの基本的な役割は変わっていません。

「ディズニーランド」「ウォルト・ディズニーワールド」そして「東京ディズニーランド」の三つのテーマパークの国内や海外の各種イベントに参加したり、テレビ、ラジオに出演したり、あるいはキャラクターと一緒に病院や施設を訪問するなどの活動をとおして、ディズニーの夢の魔法を世界中の人々にご紹介しているのです。

東京ディズニーランドのアンバサダーは、東京ディズニーランドのキャストであれば、部所、性別、年齢にかかわらず誰でも応募できます。人事部がアンバサダー募集要項を作り、アンバサダーを希望するキャストはその書類に必要事項を書き込んで提出します。人事部が応募用紙を選考して、アンバサダー候補のセミ・ファイナルリストを写真で発表します。

アンバサダー選考委員会のメンバーがセミ・ファイナルリストの候補者、一人ひとりと面接をして、最終的に4名のアンバサダー候補者を再び写真で発表します。最終選考に残った4名の候補者は会社役員の面接を受け、アンバサダー候補1名が決定するのです。

アンバサダー候補に決まったキャストは、営業部プロモーション課に配属され、アンバサダーコーディネーターと共にアンバサダーとしての教育を約6カ月受けます。

立派な社会人としての礼儀作法はもとより、お茶・生け花等々。営業活動で海外のプロモーションに出席した時は、アンバサダーはその国の言葉で挨拶をするため、英語、中国語、韓国語等の基本レッスンを受けます。

アンバサダー用のコスチューム、旅行用の夏・冬用の洋服、化粧品、ポシェット、旅行用カバンに至るまで、会社で整えます。

アメリカのディズニーランド、ウォルト・ディズニーワールドで、1カ月間アンバサダーの研修を受けます。

毎年、1月1日パーク内でたくさんのゲストの前で、新旧アンバサダーの交替セレモニーが終了して、初めて正式に東京ディズニーランド・アンバサダーに就任します。

東京ディズニーランド・アンバサダーの業務は、オリエンタルランド社長と一緒に全スポンサー企業に年賀の挨拶廻りから始まります。

スポンサーシステムについて

ディズニーランドは米国の代表的な企業が1業種1社または、1商品系列1社でディズニーランドの特別な施設のスポンサーとなり自社の広告宣伝や企業イメージ向上などに使用しています。

日本企業は、ダイヤモンド・ホースショーレビューにプリマハム株式会社、ポリネシアンテラスにキッコーマン株式会社がスポンサーになっています。

東京ディズニーランドの中でも、スポンサーは東京ディズニーランドの名称やシンボルシーンを使って各種の宣伝や企業イメージ向上、マーケティングやPRの手段として使用します。これによって、お客様は楽しく、幸せな気分で、スポンサー名や製品を、ごく自然に耳や目にし、また実際に商品を手にすることができて、心を通わせるツーウェイのコミュニケーションが成立します。スポンサーはこれに対して広告費を支払い、東京ディズニーランドの資金面の一部がまかなわれます。

この結果、お客様の入園料も軽くなるというメリットもできます。

東京ディズニーランドは、オープン前に15社のスポンサーを内定しました。

スペース・マウンテン（日本コカコーラ株式会社）
サークルビジョン360（富士写真フイルム株式会社）
ミートザワールド（松下電器産業株式会社）
ミッキーマウスレビュー（株式会社講談社）
イッツ・ア・スモールワールド（株式会社そごう）
グランプリ（ブリヂストンタイヤ株式会社）
ダイヤモンド・ホースショーレビュー（プリマハム株式会社）
カントリーベア・ジャンボリー（ハウス食品株式会社）
クリスレスパレス（明治牛乳株式会社）
ポリネシアンテラス（キッコーマン株式会社）

センターストリートコーヒーハウス（上島珈琲株式会社）
ウエスタンリバートレイン（トミー工業株式会社）
ペストリーパレス（株式会社ユーハイム）
クロックショップ（株式会社服部時計店）
シキイホール（日本石油株式会社）

マジックキングダムクラブとは

マジックキングダムクラブは当初、南カリフォルニアの企業や団体の人々にディズニーランドを訪れる際、特別価格のチケットを提供する目的で、１９５７年ディズニーランドに設立されました。その後ウォルト・ディズニーワールドがオープンすると共に全米に規模をひろげ、現在では加盟企業２万５０００社、クラブメンバー（会員）数７００万人を超える米国最大のレクリエーション組織に発展しています。

マジックキングダムは従業員45人以上の企業ならどんな企業でも入会できます。入会するとクラブディレクターを決め、ディレクターハンドブックにしたがって社内活動をします。

　ディレクターの大きな役割の一つとして、社のメンバーとマジックキングダムクラブ事務局との情報のパイプ役があります。メンバーからのいろいろな質問等についても、ディレクターが案内します。事務局からはディレクターあてに毎月マジックキングダムと東京ディズニーランドの最近情報を載せた「マジックキングダムニュース」を、隔月で「マジックキングダム・ポスター」と情報誌『ファミリーエンターテイメント』を送ります。また、エディター（社の社内報担当者）の方にも毎月「マジックキングダムニュース」を送ります。社内報等で東京ディズニーランドの情報を広げるのです。

　東京ディズニーランドのマジックキングダムクラブも、オープンして6年で、加盟企業3000社、クラブメンバー（正会員）200万人を数え、大変好評を得ています。

　マジックキングダムクラブの会員の特典は、東京ディズニーランド入園の際、入園券を買う時にメンバーシップカードを提出すれば、5％の割引で購入できます。また、ディレクターは年1回ディレクター会議に出席すると、ミッキー、ミニーと直接会うことができ、マジックキングダムクラブのオリジナル・ミッキーの腕時計がもらえます。

研修生に対してのディズニー側の対応

ディズニーランド側は我々研修生9名に対して細心の配慮をしてくれました。ディレクターやトレーナーとの幅広いコミュニケーションができるようにテニスボール大会やゴルフボール大会等を催してくれ、スポーツを通じてディズニーランド全体で関わってくれました。

当初、我々研修生は、ディズニー側を警戒して、通訳のいる所ではディズニーを評したり、悪口を言うのはよそうと話し合っていました。通訳はジム・コーラのスパイかもしれないので……しかしそんな必要はなかったよ

通訳たちと

うです。

第二期の研修生大倉君、名倉君、松田君、小川君の4名が来たところで、ソフトボール大会を催してくれました。大会に備えて我々研修生も、研修後2時間ばかり集まって練習を行いました。

このソフトボール大会には、ピッチャーの投球に対して特別なルールがありました。ピッチャーの投げた球がキャッチャーに届くまでにバッターの身長より高く上がっていないといけないということでした。これにより球のスピードはなく誰でも打てる構図になっていました。

大和君がピッチャー、私がキャッチャーで試合が開始されました。大和君の投げた球がベースに届かない前に私が大きな声で「ストライク！」と声を掛けると、その声につられて空振りをする、それで面白いほど三振が取れるのです。観ていた見物人もその光景の面白さに腹をかかえて笑っていました。

ジム・コーラが本塁打性の打球を外野に飛ばし、息を切らして本塁に走り込んで来ました。ベース一歩手前の所で私がタッチアウトにすると、ジムは、

「私の生涯の本塁打を池田さんが奪った」

と悔しそうでした。

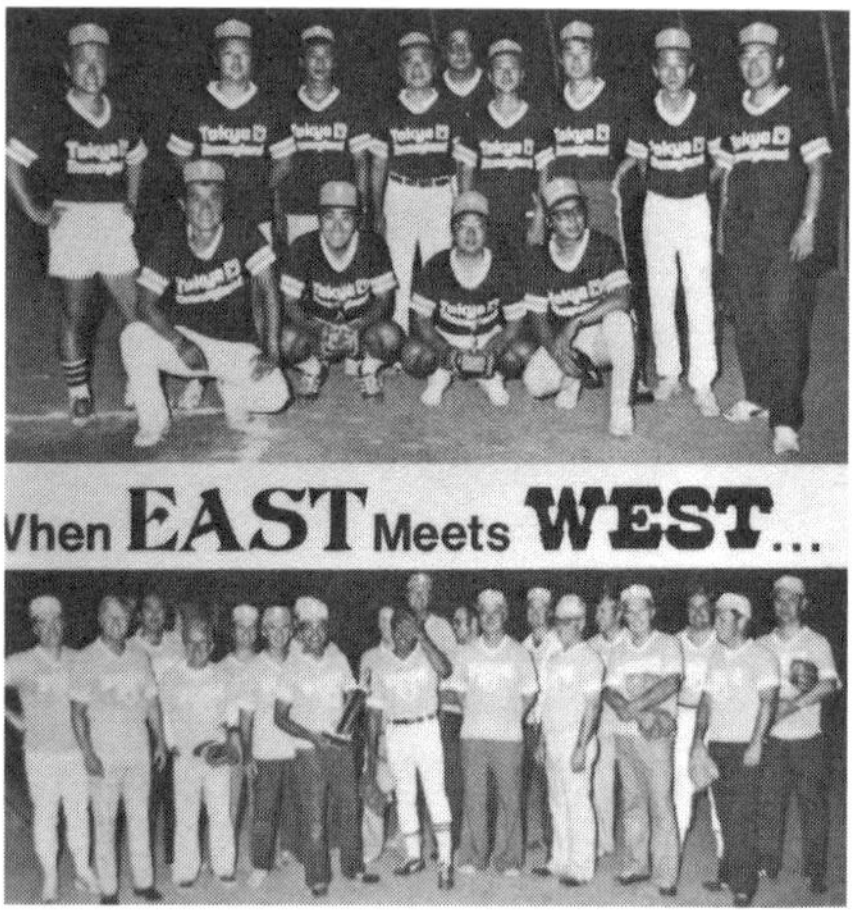

ソフトボール大会

ソフトボール大会
ディック・ヌーニス氏と著者

試合は前半、研修生チームがリードしていましたが、負けるのがいやな国民性か、後半マネージャーが出てきて逆転負けでした。

研修生だった小川君にアメリカ研修で一番思い出に残ったのは何かと尋ねると、このソフトボール大会と答えました。

ジャパンフェスティバル

1980年3月22日、ジャパンフェスティバルのイベント開催で、研修を兼ねて手伝うことになりました。

ジャパンフェスティバルは、日本各地のダンス教室、舞踊教室、音楽教室等の特定団体にディズニーランドから招待状を送ります。参加条件は2日間の入園チケットと昼食の弁当と出演する場所の提供です。交通費（航空券等）、宿泊費は参加者の負担です。

イベントの主催はエンターテイメントで、運営その他は各部が協力します。

私の担当は幼稚園児から中学生と付き添いの先生を含めて45名の舞踊団体です。日本から届いている衣装行李《ごうり》5個から、衣装を出し着替えを手伝います。子供たちは勝手にペチ

ジャパンフェスティバル　研修生と通訳

ヤクチャ、ペチャクチャ喋くりながら着替えをします、その煩《うるさ》いこと頻《しき》りです。着替えが終わると太鼓を舞台にセッティングします。

太鼓の演奏、踊りが終わると、休む間もなく、パレードの準備で太鼓を山車に載せ、日本から持ってきた御輿を運んできて、45名と一緒にパレードに参加。パレードルートはメインストリートからイッツ・ア・スモールワールド間です。子供たちは日本でのパレードには慣れていますが、さすがにディズニーランドでは勝手が分からないので躊躇していました。私がパレードの先頭に立ってパレードを導きました。ディズニーのエンターテイメントキャストは、我々研修生に任せて安心して観ていました。パレードが無事終わると、明日の演奏のため再び太鼓を舞台にセッティングをして一日が終わりました。

メインストリートのディレクター、ジョン・コーラ氏（ジム・コーラの弟）が、坂本さんにジャパンフェスティバルのレストランに出す特別メニュー「きつね寿司」を作ったので、試食を頼みました。坂本さんは冷蔵庫から「きつね寿司」を取り出して、一つ口にしたところ、水分が抜けていてスパスパで食べられませんでした。

「こんなきつね寿司は食べられない！」

とジョンに言いました。彼はキャストに命じて、全部廃棄させました。坂本さんはさすがにディズニーランドだと感心しました。廃棄の現実を見て、悪い意見だったのではとも思ったそうです。

きつね寿司はアメリカのレストランでは作らないので、日本のレストランが作って納入したのでしょう。冷蔵庫に入れるときは、密閉できる容器に入れて保管してください、とアドバイスできなかったのかと残念でした。

フードキャストが冷凍室から大きな冷凍肉を手押し車に載せて搬出していた時、12時の食事時間になり、キャストは冷凍肉が載った手押し車を放置して、昼食に出掛けてしまいました。

ディズニーランドのフードディビジョンは、食材の管理、監督において、日本の食材業界に比べるとやや劣っているように感じました。

隠れた研修効果でした。

ジャパンフェスティバル2日目、子供たちは昨日興奮して大騒ぎし過ぎて疲れたのか、無駄口も少なく落ち着いて、演奏の仕度ができました。

舞台に上がると疲れた姿は見せないで、太鼓の演奏、踊りも昨日以上に迫力があり素晴らしかったです。私も安心して舞台の袖から子供たちの演奏を楽しく観ることができました。

子供たちの踊りを観ていると、日本にいる一人娘のことを思い出して、胸が熱くなりました。娘もこの子供たちと同じ年頃なのです。

ジャパンフェスティバルに参加した子供たち

ジャパンフェスティバルのパーク内イベントが終わり、夜のディナーショーに参加することになりました。

ディズニーホテルの店では、子供たちのみやげ物を買う手伝いです。父さんにはネクタイ、友達には絵葉書やキャラクターのワッペン、自分用にはミッキーのぬいぐるみ、Tシャツ等とアイディアを出します。中にはしっかり者がいて、先生4名には絵葉書を何枚、友達には鉛筆何本と決めて予算を計算して買い物をしていました。外国で日本の将来を担う頼もしい子供たちの成長を見るのは、うれしい限りです。

バイキングディナーの会場に入ると、45名が一緒に食事ができるテーブルの確保をします。バラバラにテーブルに着くと収拾がつかなくなるので……トレーを持ち料理を取る作法、個人個人の会話、それにトイレの世話までと大変です。私が食事する間もありません。

ディナーショーで舞台上にセッティングされた大きなスクリーンに映し出される、太鼓の演奏、踊り、パレードの御輿等々、生き生きした子供たちの姿、画面一杯に子供たちの顔、顔、笑顔、そのたびにおこる大喝采、そんな光景を見ていると、目が潤むのを覚えました。ディナーショーの特別ゲスト、ピンクレディーの舞台挨拶で、会場は盛り上がりました。

本日のメインイベントは、パレードで使用した御輿のディズニーランドへの贈呈式です。それもミッキーマウスが受け取る大ハプニングで、いやが上にも盛り上がり、会場は拍手、拍手の渦で割れんばかりでした。

日本でディズニーランドをオープンしたら、香港、韓国、台湾、日本贔屓のタイ等の国のフェスティバルイベントを各国のＡＧＴと協力して開催したら楽しいだろうと、営業的な感覚で考えていました……これは研修仲間の夏川さんの仕事ですネ。

ジム・コーラと喧嘩

夕飯の仕度をしていると、坂本さんが血相を変えて研修から帰って来ました。何事かと心配していると、突然、

「池田さん、ディズニーランドの研修をやめて、明日東京に帰る」

と言い出しました。坂本さんは、今日の研修が終わって、ジム・コーラとスケジュールの話をしている時、意見が合わないので喧嘩して帰って来たと興奮気味に話します。私は大変なことになったと感じましたが、今坂本さんに問うても、非常にエキサイトしている状態なので、少々時間を置いた方が良いと考えて、とりあえずコーヒーを入れました。

コーヒーを飲んで少し気持ちが落ち着いたのか、坂本さんはジム・コーラとの喧嘩の経緯を話し始めました。発端はトレーニングスケジュールのことで、毎日のようにスケジュ

ールの変更、追加をするので、心の準備ができないと意見を述べると、ジム・コーラが高飛車に、

「私はトレーナーで貴方はトレーニーなので、トレーナーの指示に従って研修を受けろ！」

と言われ頭に来たので、

「私はトレーニーだが貴方の部下ではない。貴方の命令には従うことはできない」

と帰って来たというのです。

私は柔らかく坂本さんに話し掛けました。

「坂本さん、研修の途中でやめて帰るのは拙《まず》いよ、職場放棄と見なされ本来なら賞罰ものです。それにジム・コーラは坂本さんの研修はどうしたら良い研修ができるか考えてのスケジュール変更、追加だと思うよ。彼等も日本人の研修は初めてのことだし、迷い悩んでいると思うよ」

私は続けました。

「貴方は、英語はもとより、フランス語もペラペラで、ジム・コーラと討論した時、ジム・コーラが不用意に発した、汚い英語も分かり頭にくることもあるでしょう。私なんか英語がよく分からないので、汚い英語で話されても、蛙の面に小便で何とも感じない、分からない者の強みだ。ここは我慢、我慢。ジム・コーラの言う通り、我々はトレーニーで彼等

はトレーナーなんだから……」

　黙って聞いていた坂本さんでしたが、私の言うことが理解できたようでした。

　坂本さんがシティホールの2階に顔を出すと、ジョン・コーラ（ジム・コーラの弟）が心配そうな顔をして待っていました。ジム・コーラに会って、昨日のことを謝罪してほしいと頼まれました。ジム・コーラは相当怒っていたらしいです。坂本さんもそのつもりだったので、ジョン・コーラに促されるまでもなく、ジム・コーラのオフィスに謝罪しに行きました。すると、ジム・コーラが、

「ノブ！　お前は本当に日本人か。今まで、何人かの日本人に会ったが、ノブのような日本人はいなかった」

「……………」

「英語もアメリカ人より上手だし、本当に日本人か？」

　と問われた。

「イエス・アイアム・メイドイン・ジャパン」

　と即座に答えると、ジム・コーラが大声で笑いだし、つられて坂本さんも笑いました。

　坂本さんのウィットに富んだ英語でこの件は一件落着。めでたしめでたしでした。このことは他の研修生には話していません。

現場研修（OJT）はコスチュームを着て行われる
OJTトレーナーと著者

ディズニーランドのトレーナーはジム・コーラに限らず、往々にして高圧的です。彼等が教えるトレーニングの内容に対して異なった意見、または反論されるのを極端に嫌います。

これは例外中の例外かもしれませんが、あったことは事実です。

研修生の佐藤健児（後のオリエンタルランド・チェアマン）が、S（安全）・C（礼儀正しさ）・S（ショー）・E（効率）の研修を受けた後、オペレーションの現場作業（OJC）を受け、

「貴方はパーク内では確実にS・C・S・Eが実施されていると、自信を持って言っていたが、現場を視察すると、そうでもない」

と批評しました。次の日にオフィスに佐藤が行くと、机、椅子がなくなっていました。野外に机、椅子等無残に放り出されていたという事件もあったと聞きます。

人に物を教える人のやることではない、明らかにトレーニーを見下した行為でした。

私もマーチャンダイズの現場研修（ＯＪＴ）を受けた時、商品カウンターの下に陶器のキャラクター人形が入っているので、数を数えてくださいと言われ、戸を開くと、突然陶器のキャラクター人形が5、6体転がり落ちて、3体壊してしまいました。中を調べると、たくさんの陶器のキャラクター人形が無造作に積み重ねてありました。

トレーナーの女性が駆け寄って来て、

「マイク、心配ない、心配ない。破損伝票を書けば済むことだから、安心して」

と親切に教えてくれました。

私は陶器のキャラクター人形が壊れたのは、前任者がキチンと整理・整頓して正しく並べて置かなかったので落ちたと、注意をしようと思ったがやめました。ディズニーのトレーナーの性格上、ジム・コーラに、

「マイクは自分の作業ミスを棚に上げ文句ばかり言う」

と報告されるのがおちです。ただ、ひたすら、

「アイアム・ソーリー、アイアム・ソーリー」

と謝ってその場を済ませました。

英語のレッスン

ジム・コーラが研修生の英語能力を確かめるため、面接テストを行いました。結果、私は週2回、1日3時間、英語のレッスンを受けることになりました。

ロン・ポールが使用している個室を借り切って、ベルリッツ英語スクールから来た先生と2人だけのマンツーマンレッスンが始まりました。しかし、その先生は日本語が一言も話せないので、どのようにレッスンを進めて行くのか、全く分かりませんでした。

私の片言の英語で何とかコミュニケーションを取り進めましたが、それには限界がありました。3回目のレッスンの時、私から先生に一つの提案を持ち出しました。

「パークに出て歩きながら、アトラクションに乗ってレッスンを進めませんか」

先生も賛成してくれたので、すぐパークに出ました。

私は、この機会にディズニーランドのアトラクション全部を制覇しようと考えていました。ディズニーランドのMAPを片手に乗る順番を付けて、各アトラクションを体験することにしたのです。各アトラクションの規模、ピーク時の混雑状況、キャストの人数等を現実に観ることにより、アトラクションが理解できるのではないかと思ったのです。

レストランではジュースを注文して飲みながら、店の広さ、テーブルの数、収容人数それに関わるキャストの人数等をチェックします。ディズニーランドの一番の高級レストラン、ブルーバイユーでは、ゲストをテーブルに案内をしてオーダーを取ります。またこのレストランはチップ制が認められていて、ここで働くキャストはチップの収入がありリッチな生活をしていると言われています。昼食の時間帯はいつも満席だそうです。

マーチャンダイズは店の広さ、商品の数、ゲストの出入り、キャストの人数等を重点的に視察しました。

2カ月にわたる野外レッスンのおかげで、普通では得られない貴重な体験をすることができました。

また、東京ディズニーランドでは導入されないアトラクション、マッターホルン・ノーチラス号にも乗ってみましたが、あまり興味が湧きませんでした。導入しなかったのは適切な判断だったような気がしました。

2カ月間のコスチューム部門の研修評価を見ると、完全にできていましたが、英語のレッスンの方はあまり成果が見られなかったけれども、英語は話せなくても現場の研修はできると、ジム・コーラが判断して、第二期研修生後は研修プログラムから英語のレッスンは排除したそうです。

修了証授与式

会場は歓喜の渦で満たされていました。そこにはトレーナーと研修生の会話と笑顔と笑い声がたえまなく響いていました。全勢力をつぎ込んで教えたトレーナーと、一生懸命に教わったトレーニーの姿がそこにはありました。

研修生が壇上に呼ばれ、ディック・ヌーニス社長から修了証と記念にネーム入りの白いヘルメットが手渡されました。その都度割れるような拍手、拍手が鳴りやみません。

考えてみると、かつて第2次世界大戦で長い間敵、味方として戦った国民が何のわだかまりもなく、何故、このように笑顔で手を取り合って喜びを分かち合えるのか、不思議な思いで一杯でした。

ウォルト・ディズニーのフィロソフィーを確実に修得し、ディズニーの後輩たちに受け継ぐ、これが正しくディズニーマジックです。

修了証授与式

Disneyland
U.S.A.
This is to certify that
Makato Ikeda
has successfully completed
Tokyo Disneyland Management Training
at Disneyland, U.S.A.
September 23, 1980

修了証

この状態と雰囲気そのままを日本に持ち帰り、東京ディズニーランドを建設すれば必ず成功すると感じました。そして、これからも戦争のない日本を築き上げるのだと心に誓った修了証授与式でした。

第二章　東京ディズニーランド建設

コスチュームがオープンに間に合わない

　トーストパンに目玉焼き、それにコーヒーの軽い朝食を済ませ時計を見ると、出社するにはまだ早い時間だったので、テレビのニュースを観ていると、ショッキングなニュースがテレビ画面を走りました。歌手の江利チエミが昨夜、自室で食べ物を喉に詰まらせて窒息死したというのです。江利チエミは美空ひばり、雪村いづみ等日本で最高の人気歌手です。１９５９年に東映の若手俳優高倉健と結婚して幸せな日々を送っていると伝えられていたが、その後離婚しました。一緒に生活をしていたらこのような事故は防げたのにと、残念でした。

　時間が来たのでパジャマを背広に着替えるために2階の階段を昇り始めた時、フラフラと倒れそうになったので、慌てて階段の手摺りに身を支えました。階段で倒れると危険な

キャッスルの位置を示す櫓

HUBの位置　ディズニースタッフと

建設中のスペースマウンテン　ディズニースタッフと

建設中のワールドバザール　ディズニースタッフと

ので、一生懸命足を運んで2階の和室に転がり込んで、バッタリ倒れてそのまま意識不明になりました。

何時間過ぎたか、不思議に意識が回復したのですが、身体の自由が利かず寝転んだままの状態です。また、このまま眠ってしまったら終わりだと思い、意を決して、身体を転がして電話機に手が届く所まで行って、119番を廻しました。家の住所と名前を告げるので精一杯でした。救急車が来てくれるか心配でしたが、10分もしない内に消防士2人が来てくれました。

「旦那様、起きて服を着替えてください」と言われるのですが、身体の自由が利かず何もできないのです。すると消防士が担架を持ってきて2人で支えて救急車に運び入れてくれました。安心したのか、再び気が遠くなり眠ってしまいました。気が付くと薄暗い病院の集中治療室の前の廊下に置いてあるベッドの上に寝かされていました。身体を動かそうにも思うように動きませんが、意識は少しずつ戻ったようです。

病院の対応も不満でしたが……なんでこの時期にこんな状態になったのか、悔しくて、涙が留めどなく流れました。東京ディズニーランドの建設は全体的に今一番大変な時期を迎えています。美装部も同じです。

やっと集中治療室に入り診察を受けました。今までの疲れか麻酔薬のせいか、急速に深い暗闇の世界に転がり落ちました。

目が覚めると、病室の2階の窓側に寝かされていました。

入院した病院が会社に近いこともあり、いろいろな人たちが見舞いに駆け付けてくれました。皆、異口同音に「頑張れよ！」「早く元気になって」と励ましの声を掛けてくれました。横山部長は変わっていました。

「無理をしないで身体を完全に直して出てくれればいいよ」

と淋しそうでした。私はその言葉とは裏腹に、「早く出てきてくれ」の思いを感じ取っていました。結局、フラつく身体を心で支えながら出勤しました。

廊下の真ん中を歩いているつもりなのですが、足が左右に揺れて身体が定まらないのです。酔っ払いはこんな心情なのかと歩いていると、横山部長が来て、

「ボブが作業の進捗状況をチェックしたいので、東京に来たいと言っているがどうしようか」

と問われました。

この忙しい時にボブの面倒を見ていられないので、来ないでほしいと伝えてもらいました。すると、再度ボブから来たいという要請があったと言います。

実は2週間に1度行うジム・コーラ氏とのチェックリストの打ち合わせの時、衣装の付

属品のチェック担当の矢田君と同席して行った際、矢田君がコスチュームの製作がオープンには間に合わないと発言して、それを聞いたジム・コーラ氏が、

「1週間前に池田さんと打ち合わせをした時は完全にできると言っていたのに、何故今になってできないのか、理由を聞かせなさい」

と強く迫ってきました。そこで横山部長が、

「理由はともかく、できないものはできないんだ」

と言い切ったのです。すると、ジム・コーラ氏は立ち上がって帰って行ったというのです。


そのような事情があるのなら、早くボブを呼んでください、私がちゃんと説明しますから。

ナイト・オブ1000スターズ

ボブ・フェルプスがいつになく神妙な顔で私に話し掛けてきました。

「池田さん、ジム・コーラがオープニングショーをやりたいと言うんだ」

「………」

「ショーのコスチュームができるか、池田さんと相談して、コスチュームができないのならやめる」

と言うのです。

私は一瞬「エッ！」という感じでした。

ショーコスチュームの製作はオペレーションコスチュームと異なって縫製工程が複雑で大変な作業です。デザインが決まると、出演ダンサーの採寸を始め、使用する布地の選定（質感、色等々）、装飾品、付属品の選定。デザインにもよりますが、アイテム数が20種以上使われる物もあります。これらを集める作業。一方ではデザインからの型おこし、型も枚数が多く、全て立体裁断です。縫製が終わると、ダンサー一人ひとりのフィッテング作業があり、当然その時点でドレス丈、ウエスト、バスト等の修正です。要はダンサーがコスチュームを着て、美しく、踊り易いように寸法の修正を行うのです。

急にオープニングショーを開催したいと言われても……時間がない！　時間がありません。もう少し早く知らせていただければ、何も問題はないのですが……。

ジム・コーラも各部の作業進行状況を丹念にチェックし、この状態で進めば、完全に東京ディズニーランドはオープンできると確信し、精神的にも余裕ができ、オープニングショーの開催を思いたったのでしょう。

「ショーの台本を読まないと何とも言えないよ」

「昼まで待つからよく考えてみて」

私は「できるか？　できないか？」ではなく、絶対やらなければならないと心に決めました。東京ディズニーランドのプロジェクトに参加して、今まで一番の難局を迎えることになりました。時間があれば別にどうってことはないのですが、オープン3カ月前ではあまりにも時間がなさ過ぎます。この時期美装部の作業はピークに達していました。オペレーションのコスチュームが何万着と続々納品されていました。デイパレード、ダイヤモンド・ホースショーレビューのダンサーたちのコスチュームフィッテング作業がヤマ場でした。

オープニングショーの構成は、ディズニーランドの各エリアを歌とダンスのメドレー形式で紹介するショーでした。

ディズニーランドの研修の時、英語の教師と各エリアのショーは何回も観ていたので、すぐ理解ができました。

私は東京ディズニーランドのエンターテイメント関連のショーコスチュームの製作窓口

マザー牧場で……　藤森女史と著者

の京都衣裳、山本順三課長に製作依頼をしても、彼に電話をすれば時間がないという理由で製作を断られるのが目に見えていました。京都衣裳は、パレード、ダイヤモンドコスチュームの納品で右往左往しているのはよく分かっていました。

そこで、京都衣裳の下請けを全面的に行っている藤森正子女史に直接電話をしました。

「デザイン数と着数が分からないと、何とも言えないが、池田さんにやれと言われたらやるしかないでしょう！　縫い子を総動員して、徹夜の作業になると思うが、受けるからには責任を持ってやります」

と力強い返事でした。

藤森女史とは京都衣裳時代、幼稚園演劇

用衣装、祭りの衣装、バレー発表会の衣装等々で一緒に仕事をして、仕事に対する情熱、信念、人柄等々よく知っていて、最終的に頼りになる素晴らしい女性です。

まず、京都衣裳の外堀を埋めたわけでした。

午後、ボブが不安そうな顔で、私の顔を覗き込むようにして……、

「池田さん、できるの？　できないの？」

ボブにあまり心配を掛けると悪いので、そっけなく、

「できるよ」

「できるんだね、池田さん本当にできるんだね！」

「できるよ！」

今度は大きな声でハッキリと答えました。同時にボブが勢いよく部室を飛び出しました。

暫くして、ボブが興奮した顔で帰ってきた。

「池田さん、ジム・コーラが凄く喜んでいたよ」

「…………」

「2人で一緒に協力してやろうよ！」

と馬鹿に張り切っていました。こんなボブの輝いた顔を見るのは初めてでした。

「時間がないので、縫い子さんを40名ワークルームに集めてください」

と私の考えも聞かないで、一方的に指示をしました。

私は黙って彼の言うことを聞いていましたが、この時すでに私なりの考えがありました。

「………」

ボブ・フェルプスが血相を変えて、激しい口調で、

「池田！　何をしているのだ！」

何をしているのだと急に言われても、私は返事に困りました。

「1週間前に縫い子を40名集めると言ったのに誰一人集まってはいないではないか！」

ワークルームに縫い子を40名集めなくても、日本では縫い子は家で内職の縫製作業をしているのが普通です。縫製用の材料を提供すればよいのだと、ボブに説明しても理解できないようでした。

「池田さんが集められないのなら、私がアメリカから、縫い子40名を呼びよせる！」

と息まいていました。ボブもよく考えれば分かることですが、アメリカから40名の縫い子を呼ぶといっても、航空運賃はどうするのか、入国手続き、日本での滞在場所、生活、ワークルームでの縫製作業上の通訳、職場への出退の手段等々、コスチュームの縫製より、40名の面倒を見るのに時間と費用が莫大に掛かります。

彼自身、日本でオープニングショーのコスチューム製作を行うとすれば、これ以上のことは思い付かなかったのでしょう。無理のないことです。

ボブには報告はしていませんでしたが、すでに藤森女史は着々と準備を進めていました。あとは布地を決め、購入すれば、縫製作業に取り掛かる状態だったのです。

朝早く、ボブが顔を出して何かと口煩い。彼の気持ちも分からないではありませんが……元々この仕事はプロが見て、時間的に無理なことは分かって始めたわけです。ボブもそれはよく理解していました。失敗したら私の責任もさることながら、当然ボブ・フェルプスの責任もあります。

内職の縫製作業の現場を、2、3カ所、ボブに見せれば多少納得したかも分かりません。しかし、私にはそんな余裕はありませんでした。

今日もボブが私の所に来て、訳の分からないことを言い出しました。さすがに私も頭にきて、

「ボブさんの言う通りにしていたら、できる物もできません」

「今さら何を言うのか、池田さんはできると言ったではないか！」

「できないと言ったら、できません！」

「何でできないのか！」

「ボブさんが私のやり方にいちいち口を出すので、できないのです！」

「じゃあ、私が何も言わなければできる？」

「そうです、黙って私のすることを見ていただければできます」

「分かった。池田さんの好きなようにやってくれ、困った時は何でも言ってくれ、協力するから」

ボブもやっと私のやり方に納得してくれました。というより、私への説得を諦めたのでしょう。

……みぞれが降る浅草の商店

ジャックとボブ

起工式でジム・コーラとラリー・ビルマンと著者

街を、痛風で痛い左足を引きずりながら、布地を探して歩く、エンターテイメントのデザイナー、ジャック・ミューズ。痛い左足は靴が履けないので、スリッパを履き、ビニール袋で包み、紐でぐるぐる巻いて、冷たい水溜まりも気にしないで歩きます。愚痴ひとつ言いません。ジャックのイメージした布地を見つけようと必死でした。このようなつらい思いをしてまでオープニングショーに一生懸命に取り組む彼の姿に頭が下がりました。

ボブも率先して、アメリカからトゥモローランドのショーコスチュームを50着取り寄せてくれました。

ジム・コーラが各プロジェクトの長をク

ラブ33に集めました。

　クラブ33に入ると施設は完全に出来上がっていて、いつでも開業できる状態になっていました。美装部以外のプロジェクトの進捗を目の当たりに見て、自分のプロジェクトだけが順調に進んでいると思って作業を行ってきましたが、予想以上に他のプロジェクトが進んでいるのを実感しました。

　各長が集まったところで、ジム・コーラが4月11日、オープニングショーを開催すると正式に発表しました。同時にオープニングショーのプロジェクトチームの結成に着手し始めました。

　当然プロジェクト・リーダーはジム・コーラです。プロジェクトチームの部員は各プロジェクトから選出されました。運営プロジェクトからは6名、セキュリティプロジェクトからは4名、フードプロジェクトは2名等々、有無を言わせず強制的に選出しました。美装部は2名の要望がありました。

「ジムさん、今私は奇跡を起こそうとしているところです。2名も取られたら奇跡を起こすことができません」

　少しオーバーな表現ですが真面目に訴えました。

「分かった、分かった。池田さんのところはいいから、早く職場に帰って作業を続けてください」

私とジムの会話を聞いていた各プロジェクト長は何のことか分からないので、キョトンとした顔をしていました。別に説明することもないので、私はジムの大きな配慮を背中に感じながら、さりげなく部屋を出て行きました。


夜の12時頃、順調に進んでいると思っていたオープニングショーのコスチューム製作が間に合いそうにない、と京都衣裳の山本課長から突然電話がありました。私は納入までにはまだ1週間もあるので頑張ってくれと電話を切った。その後、毎晩11時を過ぎると、山本課長から電話が掛かってきました。電話の内容は「間に合わない」「間に合わない」の一点張りでした。理由を聞いても明解な答えはありません。納入3日前の電話は、このまま作業を続けると死ぬと半ば脅迫でした。

私は縫製現場を見ていないので、どのような状態かはよく分かりません。が縫製作業を管理している藤森女史からは何も言ってこないので、山本課長の言うことを本気には考えませんでした。2日前になると、コスチュームが納品期日に間に合わないので、オープニングショーの開催日を延ばしてほしいと要望されました。とんでもないことを言う男だと、私は頭にきました。

「何を言っているんだ！　東京ディズニーランドは国家事業に匹敵する大プロジェクトなんだ！　一企業の勝手な要望など聞くわけがない！　気でも狂ったか！　シッカリセイ！」

山本課長の返事のないまま電話はプッンと切れました。

考えてみると、彼の気持ちは分からなくもない。この時期、彼ができることは、私に電話をして「間に合わない」ということだけで、それ以外に彼は身の置き所がなかったのだろう。

超一流企業のM物産ですら、オペレーションコスチュームの納期の6カ月前に、担当者が私の所へ1通の覚え書きを持ってきました。内容は、全商品が納期に納められなくても、当社は責任を負いかねるという文面でした。

私は即座に覚え書きを突き返しました。それだけこのプロジェクトは難しく大変な事業です。京都衣裳のような小さな会社がこのプロジェクトに参加できたことだけでも、大変名誉なことです。

小さいといっても、日本芸能界（映画、テレビ、舞台）では衣装製作、貸し出し等は3本の指に数えられる会社です。貸し出す衣装の種類、畳の多さはもとより、衣装担当者の知識、技術は優秀で信頼がありました。

京都衣裳を決して蔑んでいるわけではありません。

藤森女史の陣頭指揮でショーダンサーのコスチュームのフィッテング作業は、ドレスリハーサルの前日に全て完了されました。

藤森女史にオープニングショーのコスチューム製作ができるかと電話した時、池田さんにやれと言われたらやるしかないでしょう、の言葉を聞いて、「できる」と決心がついたのです。藤森女史がいなかったら、オープニングショーはできなかったし、またやらなかったでしょう。藤森正子の名は世に出ないでしょうが、私の心の中には深く刻み込まれています。藤森女史、本当にありがとう！

東京ディズニーランドのプロジェクトに関わった個人、企業は、大なり小なり納期という目にみえない大きな怪物に突き当たり、強烈なプレッシャーに襲われノイローゼ気味になりました。私たちディズニーランド建設プロジェクトも、東京ディズニーランドオープンという、強大な怪物に向かって日夜死に物狂いで闘いました。

時間を作ってオープニングショーのドレスリハーサルを視察しました。

楽屋はダンサーたちの衣装替えで大わらわでした。私には思いがけない懐かしい風景でした。ショー関連の作業は舞台装置の経験豊富な上原稔夫（東宝舞台より出向）、伊藤英子（劇団四季より採用）の2名に全て任せてあり、作業現場に私が顔を出したのは初めてでした。キャラクターの着替えを若狭仁知が懸命に手伝っていました。

昨年4月、新入社員が5名美装部に配属されました。彼は私が人事部に迎えに行った、3名の女性と2名の男性の内の1人でした。

石塚靖子、愛原多美、古屋孝子は希望する職場に配属されて、輝いた顔でお互い楽しそうに話に華が咲いていました。その横で若狭仁知、阿部豊彦は共に肩をガックリ落とし俯いていて元気がありませんでした。

美装部に配属されたのが、よほどショックだったようです。美装部の仕事は女性の仕事だと思い込んでいるようでした。

数千人の応募者の中から、難問を突破してめでたく社員に採用されたので、華やかな職場で思う存分に夢や希望を持って勇んで入社したのです。そんな2名を目の当たりに見て、私はできる保証もないのに、2、3年美装部で頑張れば、職場異動の申請をしてやるからと、無責任な言葉で慰めるしか方法がありませんでした。

その新入社員の若狭仁知がこの1年間で、人間が変わったように、目を見張るほどに成長したのです。エンターテイメントのエの字も知らない若い社員、準社員をここまで育て上げてくれた、上原、伊藤両名に感謝しました。

着付けの能力、技術はともかく、ダンサーたちと一緒に楽しく、うれしそうに働いている姿に感動しました。

1983年4月11日、各界の著名人及び報道関係者を招いて、開園披露の催しが華々しく開催されました。

オリエンタルランド社高橋政知社長、ディズニープロダクションズ社カード・ウォーカー会長より挨拶がありました。列席の方々を代表して、安倍晋太郎外務大臣、瀬戸山三男文部大臣、沼田武千葉県知事、熊川好生浦安市長からお言葉を頂きました。

中曽根康弘総理大臣より祝電、土光敏夫経団連名誉会長、永野重雄日本商工所会頭からは祝辞が届きました。正に東京ディズニーランドは国家的事業です。

一千羽の白鳩と二万個の風船が空に放たれ、白鳩が一斉に東京ディズニーランド上空を大きく旋回して西の空へ飛び立ちました。色とりどりの風船が名残惜しそうに、上空をフワフワ泳いでいました。

東京ディズニーランドをすっぽり包んだ夜のとばりの中に、特別ステージが浮き上がっています。ステージはワールドバザールを背にキャッスルに向かって建てられていました。

私はオープニングショーの観賞のため、ステージ正面の斜め左側から観ることにしました。ダンサーの着付けは大丈夫か、着替えは手際よく、ショーの流れに支障はないか……

本番は別物です。特に初演の時はダンサーが必要以上に緊張して着替えの時は慌てます。それにつれられて着付け係まで慌ててミスを犯すことがよくあります。ドレスリハーサル通り、やってくれと祈るだけです。

午後7時、オープニングショー〝ナイト・オブ1000スターズ〟が開演されました。ショーはワールドバザール、アドベンチャーランド、ウエスタンランド、トゥモローランド、ファンタジーランドの順に各テーマランドをイメージさせる演出です。

一つのシーンが終わり、次のシーンに移る時、ダンサーの着替えは大丈夫か、大丈夫かと肩に力が入り、自然に手を握り締め拳を作っていました。ショーが無事終わり、握り拳を開くと汗でグッショリ濡れていました。拭き取ろうと思いましたが、この汗は蔭になり日向になり、このプロジェクトを支えてくれた多くの人々の汗だと、再び力強く手を握り締めて感謝しました。

苦労に苦労を重ねて作ったショーが大成功に終わり、興奮と感動を期待していた自分が、あまりにも冷静で沈着なのに驚きました。と同時に、一抹の淋しさを覚えました。衣装プロフェッショナルの性でしょうか。

楽屋に行って皆の仕事を労おうと思いましたが……やめておきました。彼等には彼等の喜び方がある、お互い苦労し合ったダンサーたちと……。上司面をして顔を出すのは彼等

ディズニースタッフと家族のお別れ会

の雰囲気を壊しかねないと思ったのです。

歓喜と感動の連続で終わった〝ナイト・オブ1000スターズ〟ですが、アメリカから特別ゲストで迎えた日本でも有名な歌手、パット・ブーンが、ステージに酒気を帯びて上ったことに、ディズニー側が日本のお客様に大変失礼だと憤慨していました。彼はその後、本国アメリカでディズニーのステージに上ることはありませんでした。

1980年、成田空港を飛び立ち、数えて1174日間、紆余曲折を繰り返し進めて来たプロジェクトでした。過ぎ去って見れば、長いようで、〝アッ！〟という間の1174日間でした。

男の意地

　高橋社長は時折パークを1人で歩いています。偶然、社長と会った時、高橋社長にパークがオープンした時の心境をお聞きしました。何も答えていただけないので、私から、

「男のロマンですか」

　と尋ねると、社長は力強く、

「男のロマンなんてもんじゃあない、そりゃあ男の意地だ！」

　とおっしゃいました。

「これをやめたら10年もかかってやっと埋め立てた土地を県に安く買い戻され、その日に会社は潰れておしまい。そんなことはしたくない。それじゃあ、この10年間何をやってきたのか。今まで一生懸命働いてくれた社員はどうなる。潰れるなんてそんなことはないでしょう。どうしても、ディズニーランドをやんなくちゃ、って思ったね、意地でも！」

　東京ディズニーランドオープンの喜びはともかく、今までの心境を赤裸々に語ってくれました。

第三章　美装部活動編

美装3課の設置の申請

　美装部のメインの業務は、キャストにコスチュームとロッカーを貸し出すことです。ワードローブの業務は、コスチュームの製作、補修、ＡＡＦの見廻りチェック、業者への付加コスチュームの発注です。それに美装部全体の事務処理をする事務課、ディズニールックの維持のためのキャスト専属のバーバーショップ、ダンサーたちのウイッグの製作やカリブの海賊のＡＡＦの髭の手当てをする枝髪、靴下、足袋、手袋を洗濯するクリーニングルーム、キャラクターコスチュームの管理、補修、着付けの業務。エンターテイメント関係では、パレードダンサーたちのコスチュームの管理、補修、ダンサーの着付け、ステージショーではコスチュームの管理、補修、ダンサーたちの着替えの手伝い。ストックルームの業務はオペレーションコスチュームのストック、キャラクターコスチュームのストック、それに小物、付属品のストック、それに、ディズニールックの維持とチェックのアピアランスコーディネーター等、多種多様です。
これらの全ての業務を一部一課で円滑に遂行していくには困難と判断して、総務部に3課の設置を申請しました。

1週間後、総務部から3課の設置は認めますが、池田さんの昇級はないと言われました。私のことなど毛頭考えていなかったので、異議はありません。ただ、もうひとつの狙いは3課になることにより、小川、矢田両君の課長への昇級は考えていました。

それにしても、総務部、人事部もたいしたものだと驚きました。課の増設による、人の昇級まで一緒に考えているとは……。

1年後、私は美装部次長に昇格し、空いた課長の席には今坂君が昇級しました。

これで、美装部の体制が完全に整ったので、あとは我々の仕事に自信を持って邁進するだけです。

素人集団と楽しく仕事する

正直なところ、素人集団を相手に、これだけの多人数をどのように纏め美装部の運営をしていったらよいか、考えさせられました。

〝情報の共有化〟〝連帯感のある行動〟と二つのテーマを掲げて取り組むことにしました。

オープン当初、パークは、火曜、水曜と2日間休園日だったので、その日を利用してキャッスル前で美装部全員の集合記念写真を撮って、社員全員に渡しました。

秋には2日間の休園日を利用して、1泊2日の温泉旅行に出掛けました。温泉に入るだけでは能がないので、3課に分かれて演劇大会を催しまし

美装部団体旅行

た。ダンサーにコスチュームを着付けるだけでなく、自分がコスチュームを着付けてもらう立場になってみるために……。

各課で業務終了後、演劇の練習を行ったり、劇に使用する衣装を作ったりと、連体感が自然に生まれていきました。

業者から商品を提供していただいて抽選会を開いて、大変盛り上がりました。

準社員の労働時間がトータルで1500時間に達すると、パークのレストランで会食をして記念写真を撮り、渡して労いました。

このように社員、準社員を含めて、業務中ばかりでなく、常にコミュニケーションを取るように心掛けました。

ポリネシアンレストランのショー開発

エンターテイメント部のカウンターパートナーのディレクター、ラリー・ビルマンから、来年のポリネシアンレストランのハワイアンショーから、東南アジアのショーに変えたい意向が示されました。

タイのダンサーたち

急遽、東南アジアのショー開発チームがエンターテイメント部、美装部の間で結成されました。エンターテイメント部からは、ショー製作マネージャーと2名の課員、美装部からはエンターテイメントデザイナーのビル・キャンベルと私に今坂課長が参加することになりました。すると、伊藤女史がクレームを付けてきました。ショーもあまり知っていない今坂課長が何故行くのかと……自分が行くべきだと強く主張したのです。今坂課長は事務手続きに必要なため、連れて行くのだと説明すると、ショーは誰が観るのですかと聞いたので、私が観るのだと答えました。彼女もどうにか納得したようでした。

スカンジナビア航空で一路、東南アジアへと向かいました。その機内で偶然、学生時代に東京ディズニーランドで働いていたという、スチュワーデスに会いました。スチュワーデスが機長を紹介してくれて、コックピットにまで入れてくれました。機長がトイレに行くのでかわって操縦してみないかと席を開けてくれました。現在では絶対考えられないことです。飛行機は自動操縦にセットされていて安全ですが、一瞬、ドキドキする瞬間でした。

バリ島から4日間、各東南アジアのショーを観て廻りましたが、東京ディズニーランドで演じるショーとしては、タイの高級ホテルのレストランショーが最適と判断して、その業者と打ち合わせに入りました。ある程度話が進んだところで、ビル・キャンベルがショーコスチュームの製作現場を観たいと要望したところ、全面拒否されたので、そんな業者と一緒に仕事はできないと断り、この仕事を下りたいと言い出した。ここまで来て、急に下りるとは何事だと、私は憤慨して両外人からショー製作の権限の委譲を受けて、タイのショーを製作することになりました。

業者側には基本的に現在ホテルのレストランショーの構成で良い。ダンサーたちも衣装もそのまま使用しても良い。ただし、ショーのラストシーンのコスチュームのデザインは今のデザインで良いが、布地を金・銀ラメの布に変えて、全コスチュームの製作をし直すよう指示をしました。

オープン2年目、ポリネシアンレストランのショーがハワイアンショーから変わって、タイのショーがオープンしました。そこそこの人気はありましたが、爆発的な人気は出ませんでした。

東南アジアのショーを東京ディズニーランドで演じるには、2年ばかり早過ぎたように感じました。

エレクトリカルパレード導入

東京ディズニーランドオープン2年目の夏から、エレクトリカルパレードの導入が決まりました。

フロリダのディズニーワールドに、篠田君を連れてエレクトリカルパレードの視察に出掛けました。フロリダといえば湿地帯の多い土地です。ディズニーワールドを建設した時、湿地帯に池を掘ったところ、周囲の水が池に流れ込んで池の廻りに陸地ができたという話があるほどです。

初日はジャックがディック・ヌーニスのモーターボートを借りて来て、湿地帯めぐりを行い、大・中・小の湿地帯がつらなっている中を遊覧しました。湿地帯には、野生のワニがたくさんいるといいます。

ディズニーワールドのエレクトリカルパレードは、ディズニーランドと違って、水上パレードのため趣は異なりますが、フロートの作りは同じです。

30センチの長さの銅線に豆球を直列につないだ物をフロートに取り付けています。電球が一つ切れると30センチの長さにつないである電球は全て切れます。

東京ディズニーランドでは電球は並列につなぐようアドバイスをしました。電球が一つ切れても他の電球は灯ったままだし、切れた電球だけ付け替えれば良いので、メンテナンスも容易です。

コスチュームの電飾はシンデレラユニットのボールルームダンサーのロングドレスに付けます。ロングドレスは籐で丸く編んだペチコートを付けます。籐で丸く編んだペチコートに電球を並べて取り付けます。ダンサーが踊り始めるとペチコートが大きく左右に振れるたびに電球も振られて華やかなハーモニーを描きます。電球はダンサーが腰に付けたバッテリーで点ります。

遠くから聞こえる、シンセサイザーの突き射るような音楽が聞こえると身体中がドキドキ、ワクワクしてきます。段々と音楽が近づいてくると、七色に輝くエレクトリカルパレードのロゴマークのフロートが現れ、約40分間、園内をパレードします。そして色とりどりに飾られたディズニーアニメの世界を表現したフロートが、キャラクターを乗せて次から次へと登場してきます。最大のフロート〝ドラゴン〟は、長さ12メートル、約２万８千個のライトをつけていて、まるで御伽噺の世界に迷い込んだようです。

エレクトリカルパレードが終わると同時に、お城の上に花火が打ち上げられ、パーク全体の雰囲気は最高に盛り上がります。

今後、エレクトリカルパレードと花火は、東京ディズニーランドの夜の風物詩となるでしょう。

第四章　営業部活動編

営業部販売課に異動

東京ディズニーランド5周年記念に開発されたショーベース2000でのショー、ワンマンズ・ドリームがオープンして、その興奮の覚めやらないうちに営業部販売課へ異動の命が出ました。異動の表向きの理由は、現販売課長が人間関係でノイローゼ気味のため、販売業務に支障を来す……ということでしたが、巷では、喧嘩両成敗で異動されたとの噂が飛び交っていました。実はすでに美装部長が異動していたのです。それも私が追い出したようなニュアンスで伝わっていました。私は部長と喧嘩なんかしたこともないし、部長も同じだったと思います。私の性格上、上司が間違っている時は、意見具申を致します、特に激しい口調になります。何も知らない課員はその場の雰囲気で喧嘩をしているように感じたのでしょう。しかし噂は恐ろしいものです。ひとりの人生を変えることもあります。

何れにしても、良い職場環境ではなかったのでしょう。自己反省する必要がありました。

営業部販売課に異動する前日、松木美装部長に呼ばれ、営業部販売課を作った経緯の説明を受けました。東京ディズニーランドがオープンして2年目の集客が心配なので、営業部に販売課を設立し、本格的に集客活動に専念する（ディズニーランドは直接集客を目的とした販売課はなく、マーケティングとMKCの活動だけだったので、東京ディズニーランドも同じように販売課は作らなかった）ことになりました。

急遽、各部から販売課員を募り集めたのが、現販売課課員四〇余名の集団です。全員が優秀で販売能力が高い課員ばかりではありません、中には各部で使い物にならない人、優秀でも自分勝手な行動が多く、組織の中に入り込めない人等々、問題のある課員が多いと話してくれました。

販売課に就任して最初に感じたのは、まさしく松木部長の言葉通りでした。課員の何人かに現在の販売活動を聞くのですが、明解に答えられた課員はいませんでした。ただ、主任クラスの課員が4名いて、グループを結成して、各グループ長の独断で販売方針を決め活動しているため、課全体の統制がなく、時に同じ所へ販売活動に行き、2日前に他のグループの者が同じようなセールスに来たという、話を聞きました。

当初、美装部を立ち上げた時も、寄せ集めの集団でした。美装部の場合は衣装経験者が主で、未経験の人も衣裳関係の仕事が好きで入った者ばかりだったので、全体を纏《まと》め易かったのです。が、販売課は違っていました。販売活動の経験者、販売活動に興味がある者、販売活動が嫌いな者、人事部の異動命が出たので仕方なく販売課に来た者、いまだに販売課に配属されて不平不満を持っている者等々多種多様でした。このどうしようもない団体を一本化するのは何をしたら良いか考え、悩みました。考えてばかりいても、前に進まないので、とりあえず行動することにしました。課員は現在の自分の状況、未来どうなるのか不安で悩んでいるのでは……この状況を打破するには……情報の共有です！　知り得た社会の情報、会社の情報、人事部の情報、営業部の情報、そして課の情報等々の情報を正確、確実に平等に知らせることです。

情報の伝達、情報交換の場として、毎週月曜日、本社の会議室に四〇余名集めて、会議を行いました。全課員に現状報告の時間を与えました。なかには、この時間が無駄だ、この時間をセールス活動に活用した方が良いという意見も出ましたが、勝手に活動しても成果が出ないことは目に見えています。販売事務グループ、旅行代理店グループ、一般企業グループ、学校及び各団体グループと四つのグループに分けて、販売先を明確に決めて効率の良い営業活動をすることにしました。集客目標を決めて、セールススケジュールを定めて、スケジュール通り活動すること、としました。

営業販売課課長に就任して1カ年が過ぎました。この1年間全課員を集めて、ミーティング、ミーティングを積み重ねた結果、やっと販売課の体を成すことができました。

課員一人ひとりに目を向けると、私が個別に指導しても変わることのなかった課員が何名かハッキリと見えてきました。人間的には全く問題はないのですが、販売の仕事が性に合わないとか、精神的に苦痛を感じるといった人たちです。中には人間恐怖性的な課員もいて、見るのも聞くのも可哀相でした。彼の顔を見ていると哀れさすら感じました。

課全体に与える影響、それより本人のことを考慮して異動を決めて、人事部と個人名を出して、何回も何回も話し合いました。

販売課設立時、人事が行き当たりばったりに異動をしたと憤慨していたのですが、人事部と個人的に話してみると、私以上に社員の個人的な件、指示の件とよく考え行動しているのに安心し心を開いて、課員の良い異動条件の相談ができました。結果、今回は6名の異動が決まりました。課員一人ひとりに私が異動の理由を説明することなく、彼等自身が一番よく分かっていると思います。

願わくは彼等に合った異動先に配属され、新しい仕事を見つけ、目標に向かって邁進し続けてほしいと祈るだけです。間違っても、会社を退社しないで、オリエンタルランド(株)の発展に貢献をしていただきたい、自分自身のため、後輩のために。

ディズニーウェイ無視

突然、三井常務から電話があり、ＪＴＢとコンビニエンスストアで東京ディズニーランドのチケット販売の打ち合わせをするので出席するようにと言われました。コンビニエンスストアでチケットの販売とは初めて聞く話です。

ＪＴＢの役員が、コンビニエンスストアで機械を使ってチケットの販売をする様子を説明してくれました。それによると、機械に直接お金を入れると機械がチケットの説明をしてチケットが出てくるという仕掛けでした。

私はすぐに反対の意見を出しました。東京ディズニーランドのチケットは招待状の役割があり、お客様には言葉を添えてキャストの手からお渡しするのがディズニーランドのポリシーです。機械でチケットを販売するなど、ディズニーウェイに反する行為です。

チケットを売らんがためにディズニーウェイを無視してまで売る行為に無性に腹が立っ

て許せませんでした。

「ＪＴＢさんは何年東京ディズニーランドと商売をしているのですか、安直に考えるのではなく、もう少しディズニーランドのことを勉強して提案してください」

と強く言いました。これは三井常務にも聞かせたい狙いがありました。

この時期、アメリカからマイケル・アイズナーが来て、コンビニエンスストアを観察した結果、コンビニエンスストアでディズニーの商品を販売しないよう指示が出されました。三井常務が私の机のそばに立ってガナっています。額に青筋を浮かべて怒っているのです。よほど先ほどの私の言葉が、癪に障ったのでしょう。言った私も反省はしていますが、ディズニーウェイを無視した軽率な行動に腹が立ったので、つい思っていることが言葉になって出てしまったのです。

三井常務の説教は延々と続きました。それでも私は冷静で、部下の見ている前で怒るのではなく、常務の部屋に私を連れて行って怒るくらいの配慮があってもいいのではと思いながら、じっと下を向いて耐えていました。

現在、有名コンビニエンスストアでは東京ディズニーランドのチケットが機械で販売されています。ＪＴＢのスタッフ、三井常務に先見の明があったのか……上司と喧嘩をしてまで頑なに守り続けてきたディズニーウェイも、時代の流れに翻弄されて消えてしまったのかと思うと、一抹の淋しさを感じる、今日今頃です。

それから3年半後、三井常務は商品部担当役員として異動し、入れ替わりに坂崎取締役が営業部担当役員兼部長で就任しました。

第五章　直営ホテル異動そして定年

直営ホテルに異動

　坂崎部長の部屋に、異動する販売課の社員が呼ばれました。彼らへの異動通知が全て終わった後、

「実は池田さんにも、異動通知が来ています。異動先はホテル事業部で、１カ月後オリエンタルランド(株)の子会社として設立するホテルです。そのホテルに私も社長として異動します」

　と言われました。私にとって、オリエンタルランドに在籍中2度目の異動です。異動はサラリーマンの宿命だと理解していました。

　ホテル事業部に異動した初日、部長から、

「池田さん、当部は経費が少ないので、あまり使わないように」

と釘をさされました。これにはいささか驚きました。一緒に頑張って良いホテルを作りましょう、と言ってくれるのかと思っていたのですが……。

子会社「(株)ミリアルリゾートホテルズ」が設立されました。私の業務は社長室長で、仕事は、ホテルのキャストのコスチューム製作、営業部の販売活動でした。

コスチューム製作

加賀見会長が、ホテルの現場責任者として、大阪ヒルトンホテルからチャールズ・ベスフォード氏を招聘して役員に就任させました。ベスフォード氏はホテルのプロフェッショナルで、作業効率を重視した、スタッフの動き易いコスチュームデザインを考案しました。私は特にディズニーらしさを重視して、華やかなデザインを提案したので、意見がなかなか合いませんでした。ベスフォード氏は根負けしたのか、コスチュームデザインの件は池田さんに一任します、と言ってくれたので、自信を持って取り組みました。

コスチュームに関しては東京ディズニーランドでの経験もあるので、目を閉じていても全てが分かる思いでした。自分で縫製業者を探してもよかったのですが、ここは筋を通してオリエンタルランド美装部から業者の紹介をしていただきました。

紹介された業者の中には私の知らない新しい業者もあったので、サンプル布地を与え、フロントの女性用のコスチュームの縫製依頼をして、それを評価して、見積もり額の安い2業者に決めました。すると私の知らない業者が、

「なぜ我が社が見積もりに落ちたのか、その理由を説明してほしい」

と担当者に言ってきました。担当者が困っていたので、各業者から提出されたサンプルを見せ、違いを説明するように指示しました。

この業者のサンプルは、ブレザースタイルで女学生の制服のようでした。ホテルのフロント女性が着られるような出来ではありません。その業者は他業者との違いを感じ、黙って帰りました。

結局、２業者に絞って、安いアイテムを取り上げ、

「A社ではこの価格でできますが、貴社は同じ価格でできますか」

等々を話し合い、安くできる方にアイテムを分類して発注することにしました。

サンプルを見たディズニーのデザイナーから、

「C業者のサンプルが一番いいので、できればCの業者にフロントのコスチュームだけでも発注してほしい」

と言われましたが、「他業者と比較して130%も高いので、予算に合いません」と説明して、その業者には発注できないことを納得していただきました。

発注した2業者の縫製技術は東京ディズニーランドの仕事で分かっているので、できるだけ安くできるようお願いしました。

このころ、坂崎社長とベスフォード取締役が、加賀見会長に私の役員就任の申請をしましたが、実績がないという理由で却下されてしまいました。

実はホテルはイクスピアリ施設と同時にオープンする計画でしたが、イクスピアリの建設が2カ年ばかり延びてしまった経緯がありました。これも運命でしょうか……。

営業部の販売活動

ホテルの部屋の販売を旅行代理店に提供する問題で、会長に相談したところ、

「たかが700室を自分たちの力で売れないのか」

と詰問されました。

「東京ディズニーランドの集客で大変協力していただいた旅行代理店に、お礼の意味も含

めて、部屋の提供をした方がいいのではないでしょうか」

と申し上げると、会長は快く納得してくれました。

ホテルの室数７００室の20パーセントを、今までの東京ディズニーランドへの集客数に比例した室数を提供することに決まり、旅行代理店は営業を開始しました。代理店では、思っていたより室数が少ないので、

「我々代理店の販売能力がないと見ているのか」と憤慨していました。１室しか提供できない代理店では、１室と聞いた途端に怒って、

「１室では商売ができないのでいらない」

と即決で断られました。が、翌朝、

「本社に問い合わせたところ、１室でも頂くようにと指示があったので、お願いいたします」

との電話が入りました

淋しい退職通知

60歳の誕生日の1カ月前、社内メール便で人事部から1通の封書が届きました。中には退職手続きが事細かに書かれていました。

退職時の気持ちの整理はある程度できていましたが、現実に文書で通知されるとさすがに淋しく虚しい気持ちになりました。

20年間一生懸命に勤め上げた社員に対して、封筒1通での連絡は、あまりにも事務的で思いやりもなく、私はただ茫然と天を仰ぐだけでした。

社長に直訴して引き続き働きたいとお願いしようとも思いましたが、大人気ないと思い、思い止まりました。『飛ぶ鳥跡を濁さず』のたとえもある通り、ここは潔くあきらめました。

池田誠の人生を囲む会

大送別会

オリエンタルランドの送別会は、私が在籍した、美装部、営業部、アンバサダーホテルの有志が幹事を務め、１５０人の出席者を集めてくれました。会社始まって以来の大送別会、「池田誠の人生を囲む会」を盛大に開いてくれました。

私もこの機会にサラリーマン生活の想い出として『夢のなかで夢を見る』の画集を自費出版致しました。

ディズニーが好きだから、東京ディズニーランドで働いているのか？　東京ディズニーランドが好きだから、ディズニ

画集『夢のなかで夢を見る』より
キャッスル

ーが好きなのか？……どちらでも良いのですが、東京ディズニーランドの建設に最初から参加したのは事実です。そんなこともあって東京ディズニーランドはぜひ描きたいモチーフでした。ディズニーランドはすでに世界的に有名な画家のメラニー・ケントやヒロ・ヤマガタが描いています。とうてい私の及ぶところではありませんが、私の中には誰も描写しきれない、東京ディズニーランドの想いがあるのです。強いコダワリが！

風船売りのキャストが子供の視線に合わせて腰をおとした。無数の風船が天から舞い下りてくる。一陣の風が吹いて風船が母と子を取り囲むと、この母と子は

画集『夢のなかで夢を見る』より
母と子

二人だけのディズニーランドの世界へ入ってしまう。この全く別な世界で母と子は夢を見る。

こんな風景の東京ディズニーランドが私は大好きです。


サラリーマンは、上司を自分で選ぶことはできません。その通りですが、会社には悪い上司ばかりではありません。

私は理想的な上司、横山取締役、坂崎取締役に恵まれることができました。

時に一緒に悩み、また的確な指示をしていただき、親身になって支援していただきました。そのお蔭でそれなりの実績を上げ、会社発展に寄与できたと自負しています。

（株）ミリアルリゾートホテルズ社長がオリエンタルランド（株）の取締役を辞任した時、それならホテルの社長を辞任したいと申し入れた……サラリーマンのプライドを掛けた、社長辞任のひと幕がありました。その竹を割ったような潔ぎよい態度に敬服しました。

私の終幕もかくありたいと思いました。

あとがき

東京ディズニーランドは２０１９年に35周年を迎えました。

オープンから35年間で延べ７億５３２２万人のお客様を迎えることができました。これもひとえにキャスト（社員、準社員）延べ60万人が来園したお客様に楽しく遊んで頂くため、日々努力し奮闘した賜ものと確信しています。

オープン当初著名な人々がウォルト・ディズニー、オリエンタルランド社の資料を研究して出版した本が多かったように感じました。

オープンから35年が経ちました。今私がディズニーランドの研修から、東京ディズニーランドの建設、衣装部、営業部で体験し感じた出来事を赤裸々に書いて、東京ディズニーランド７億５３２２万人の入園者に読んで頂き、再来園時に今までと違った東京ディズニーランドの楽しさ、感動を与えることができればと思い、日記や写真を基に書き始めると記憶が次々と蘇ってきました。

昨日食べた食事の内容は思い出せないのに……当時の風景が鮮明に浮んで来ました。私の人生のなかで最もエキサイティングな体験だったのでしょう。

オリエンタルランド(株)、東京ディズニーランドから身をひくということは、私の人生のグランド・ファイナルということです。人生のグランド・ファイナル、グランド・ファイナルです！

私の人生にこんな素晴らしい仕事を与えてくれたウォルト・ディズニーに感謝を込めてペンを置きます。ありがとう！。

登場人物のなかには不快な思いをされた方もいらっしゃるかもしれません。この場を借りて深くお詫び申し上げます。

出版にあたり、坂本信也氏、奥山康夫氏、文芸社の皆様の絶大なるご協力に感謝致します。

池田　誠

オリエンタルランド20年間で使用したネームタグ

著者プロフィール

池田 誠（いけだ まこと）

1939年生まれ。岡山県笠岡市出身。千葉県千葉市在住。
著書に、『夢の中で夢を見る―人生を楽しく趣味の画集』（2001年　ダイナミックセラーズ出版）、『映画衣装物語―ドキュメンタリー昭和映画』（2018年　ダイナミックセラーズ出版）がある。現在、「映画の話」や「東京ディズニーランドの話」での講演活動中。

グランド・ファイナル

2021年2月15日　初版第1刷発行

著　者　池田 誠
発行者　瓜谷 綱延
発行所　株式会社文芸社
〒160-0022 東京都新宿区新宿1-10-1
電話 03-5369-3060（代表）
03-5369-2299（販売）

印刷所　株式会社フクイン

ISBN978-4-286-21783-3